鞏固親密關係的對話練習

伴侶溝通的奇蹟

Communication Miracles for Couples:

Easy and Effective Tools to Create More Love and Less Conflict

喬納森・羅賓森 Jonathan Robinson／著

熊楷／譯

目錄

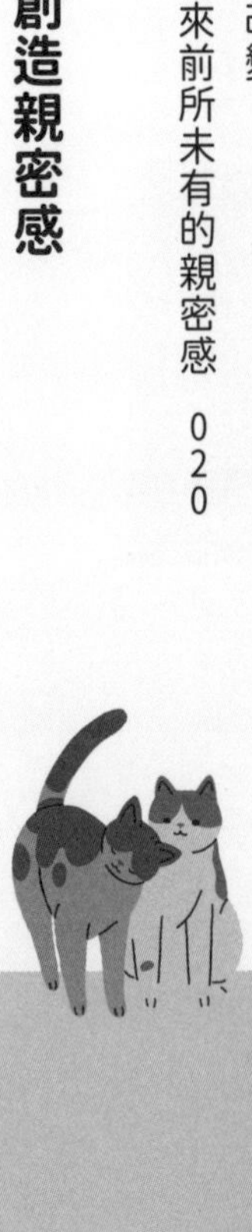

第二部　避免爭吵

第三部　化解問題但不傷自尊

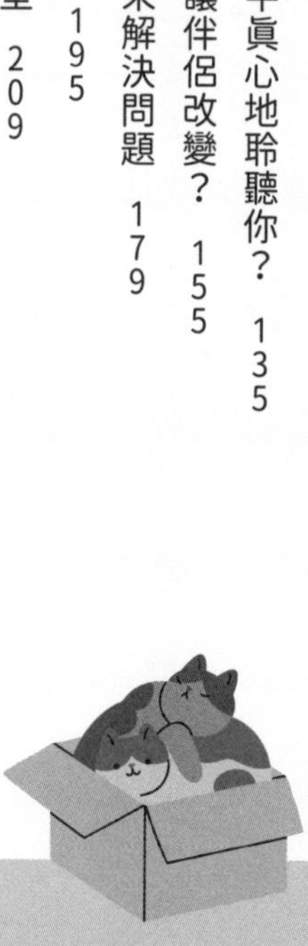

推薦序

一本可以翻轉親密關係的實用寶典

吳姵瑩 Chloe Wu

當你告訴我：「我們真的沒辦法溝通！」我往往會再問一句：「是本來就無法溝通？還是，越來越無法溝通？」

當一個人說出：「我們一開始就無法溝通」，這往往不只是關係的問題，更可能指向一種**深層的心理模式**。這代表你可能早已習慣用「保持疏遠」的方式，來讓自己在關係中感到安全與熟悉。這樣的互動模式，其實是源自早年經驗中，對親密的防衛與恐懼。

但多數情侶，並不是從一開始就無法對話的。否則，又是什麼讓你們彼此靠近、相識、相戀、相守？很多時候，一開始的溝通是流動的，是願意敞開的，甚至常常能聊到深夜、什麼都想分享。只是，**隨著時間推移**，溝通慢慢出現了落差與阻礙。

我們會逐漸落入溝通的「陷阱」，像是：

- 開始不自覺進入**權力鬥爭**：你說一句，我反駁一句，只為了證明我才是對的。
- 陷入**對錯辯論**：不再聽對方的感受，只在意誰的邏輯比較站得住腳。
- 習慣**情緒防衛**：怕吵架、怕冷戰，乾脆什麼都不說。
- 成為**默默承受的一方**：因為說也沒用，所以慢慢不說了。

這些模式一點一滴讓「溝通」變得困難，讓原本可以坦白表達的關係，變成了彼此交戰的場域。不是不想好好說話，而是我們早已被溝通中不斷發生的失落、誤解，甚至是傷害給耗盡了勇氣。

所以真正的問題往往不是「你們從來就無法溝通」，而是——你們在一次次的溝通裡，不小心失去了靠近彼此的方式，或在爭論裡對方失去尊嚴感。這需要我們重新學習，不是如何「講贏」，而是如何「聽懂」、如何「回應」、如何讓對話成為靠近，而不是防衛的開端。

這些年，我寫了許多情感相處的文章，也經常在親密關係的課程裡，陪伴大家面對「說不出口」或「說了沒用」的難題。也在這本書中看見心理治療師喬納森・羅賓森如何用具體可實踐的對話工具，協助伴侶重建連結。他強調，**在溝通前要照顧好伴侶的自尊帳戶**，透過「3A」原則：**認知**（**Acknowledgement**）、**賞識**（**Appreciation**）、**接納**（**Acceptance**）讓對方在心理上感到被看見、被理解，再進入真正的討論。這樣的引導，比任何激烈的爭論，都來得有效與溫柔。

不過，回到真實日常，「溝通」這個詞，本身就讓人緊張。很多人一聽到「我們要溝通一下」，立刻神經繃緊，甚至開始防衛啟動，準備捍衛自己或反擊對方。這其實是人之常情。

尤其當關係中經常出現「我們來溝通一下」、「我們要磨合一下」這樣的語言時，內心的潛台詞其實是：「你不夠好，我們不夠好，我要你改變。」這種感受會讓人陷入一種無力與挫敗：「又來了……。」、「到底哪裡又出問題？」、「我是不是永遠都做不好？」你會發現，有時候「溝通」與「挑剔」之間，可能只有一線之隔。因為這樣的情緒張力太高，很多人乾脆選擇「表面應付」：表面妥協，實際拖延，甚至說一套做一套，因為他們知道——這些「溝通」往往只是說話的一方單方面的期待與要求。

那什麼情況下，對方才有可能真的願意改變？答案往往只有兩種：**當他在這段關係中感受到足夠高的安全感、當他知道若不改變，將面臨失去這段關係的痛**。也因此，很多人在溝通無果時，會甩出「那就分手吧」這句話。這句話其實不是理性的選擇，而是一種用痛逼迫對方行動的「控制」——它來得猛烈，卻未必經過充分的理解與對話，最終可能傷得更深。

所以，在溝通這件事上，我想送你兩個重要提醒：

●第一：溝通的頻率近似關係的壓力程度

如果你們總在「溝通」，可能代表你們之間已經有太多無法自然共識的部分，這樣的頻繁協調，其實是一種隱性的疲憊更是隱性責備。

●第二：溝通之前，先給出安全感

當你準備開口時，請先想一想：我有讓對方感覺到他是被理解的嗎？我是在拉近彼此，還是在用理想中的「版本」要求對方成為我希望的樣子？

想一想，**你上一次願意改變，是在什麼情況下？**大多數人願意改變，都是出於內在的選擇，而不是外在的壓力。與其不停溝通，不如先建立「你值得被信任」與「我們是同一國」的心理氛圍。唯有在關係中感到安心，人才能放下防衛，真正靠近。

我尤其喜歡這本書設計的「如何跳脫責備模式」的三個問句：

一、假如果堅持自己正確（也就是責怪伴侶），可能發生什麼事？

二、我寧可感受到愛意，還是要言之有理？

三、我特別喜歡伴侶的哪一點？

這些問題可以幫助你在關係不滿時，記得讓愛流動，而讓彼此真正耳朵和心房打開，產生真正的連結，與強化關係滿意度。

所以，**三思而後溝通**。

溝通不是攻擊對方的武器，也不是修理對方的工具，而是一種確認：我們是否還想靠近彼此？我們是否願意一起把彼此放在心上？

如果答案是肯定的，那麼就讓我們一次次地小心說話、用心聆聽，逐步重建「我們」這個空間，而不是讓溝通成為關係裡的地震，撼動所有本來可以穩定的基石。

此外，我也喜歡書中提到的一個「非情欲撫摸」的作業，讓情緒僵化，甚至快要分手的伴侶，在一週內透過這種純粹身體的親密行動，回到關係的起點。那些在沙發上已經兩兩相望無話可說的伴侶，居然能在下一次的會談中笑得像剛度完蜜月。我深知，這不是什麼奇蹟，而是透過**有意識的親密練習**，重新建立彼此的安全感與信任。

對於那些總覺得自己努力很多卻得不到理解、想靠近卻又怕被拒絕的人，這是一本可以翻轉現狀的實用寶典，也非常適合在關係中不知所措、關係陷入絕望，或是不希望走到那一步的人；對於想讓關係進步、想創造真正連結的人來說，是本值得放在床頭的日常指南。

（本文作者爲諮商心理師／愛心理創辦人）

推薦序

親密關係裡最需要的溝通之道

聊天大叔

我們接受漫長的教育以準備工作，為考取與維持專業資格而補習、實習、持續學習，卻偏偏在進入婚姻這終生制的關係前，沒有人教過我們如何當丈夫、妻子或伴侶。婚姻，是人生中少數不需要任何考核或資格，卻必須極多知識和能力的長期關係。然而，很多人都有一種童話式的錯誤期待，以為當我們走入婚姻，便能好好相愛、相處、相容，幸福快樂地生活下去，現實卻是大多數夫婦都在無人指導的情況下，只能以跌跌撞撞的方式學習，以爭執和受傷做為代價，從中反覆調整，然後才慢慢發現，親密關係的經營遠比想像中複雜。

在過去二十多年，陪同不同伴侶學習溝通與修復關係的顧問工作中，我發現很多人並不是不想去愛，也不是不願意改變，而是缺乏正確表達愛與理解衝突的能力，不知道可以怎麼進步。有時候，一段關係的僵局，並非來自價值差異，而是源於話不貼題、情緒失控、誤解未澄清等原因，總是講不出內心最真實的感受和需要，把愛說成恨，想邀請卻說出拒絕。尤其當關係陷入冷漠、長期累積怨氣時，就更令彼此退縮。正因如此，我們需要找到學習跟伴侶溝通的方法，修煉這種維繫關係的必要技能。

《伴侶溝通的奇蹟》就為我們打開了這學習的大門，不同於抽象論述或過度簡化的心靈雞湯，也不像理論艱澀難懂的學術著作，本書聚焦於最常令伴侶失速的部分：溝通。從伴侶日常互動出發，條理分明地教導我們如何表達感受、傾聽對方、化解誤解與從衝突中修復，並提供大量可實作的話語範本與具體指引，實用而溫暖、具體又扎實。作者喬納森．羅賓森不僅以清晰的邏輯與親切的語言，解構了親密關係中最常見的溝通困境，更重要的是，他讓讀者明白語言本身是一種關係修復的工具。書中歸納出幾十種具備療癒力的說話方式，幫助我們在緊張、誤解、情緒爆炸的關係場景中，找回「如何說出口」、「如何被聽見」及「如何不再互相傷害」的選擇權。

例如在〈「我覺得／我想要」的魔法〉這篇中，作者提醒我們，多數人習慣用指責來掩蓋傷心，然而「你都不關心我」這樣的語句，不如「我最近感到很孤單，想更常見到你」來得真誠與有建設性。這不只是語氣的轉換，更是關係中從防衛轉向靠近的第一步。在另一章〈如何讓伴侶怦然心動？〉中，書中提供了具體的引導對話題目，例如「我希望你更理解的事情是……」、「我覺得最被你愛的時刻是……」，這些題目看似簡單，卻往往是伴侶間從未深入對話的內容。這些設計不僅能促進感情交流，也讓關係不再只是生活瑣事的管理，而是有溫度、有情感深度的互動。還有在〈修復信任感〉中，指出道歉並非只是說對不起，而是要包含四個關鍵要素：承認傷害、表達懊悔、願意改變、尋求原諒。這樣的架構，讓夫婦在修復關係的實務過程中有了明確的架構。

我誠摯推薦《伴侶溝通的奇蹟》給所有正在戀愛、準備結婚或已經在婚姻中的人，無論你正對跟伴侶的未來充滿想像、正經歷親密關係的低谷，或只是希望更理解彼此的語言與情緒，本書都能提供清楚而實用的指引，讓你學習用溝通灌溉愛。我也推薦本書給心理工作者、婚姻輔導員與諮詢相關專業者，做為促進關係對話的輔助材料。

婚姻從來不是一件自然懂的事，在婚姻與人生不同階段，如何對話、如何聆聽、如何理解伴侶的世界，是需要也值得我們一輩子持續學習的，而這本書，就是一本陪伴夫妻努力的溝通說明書。願每對伴侶都能透過語言重新靠近，在理解中重拾溫柔，在練習中繼續進步，一切，就從這裡開始。

（本文作者爲婚姻與伴侶關係顧問）

推薦序

學會在問題中，保住愛

薇薇

進入婚姻後，我才發現：溝通，真的是一門功課。

你以為婚前的模樣會是婚後的樣子……絕對不可能！

交往時若吵架，掛電話、冷戰幾個小時，再約出來吃飯就沒事了，婚前總以為大概就是這樣的模式了，沒有想過原來結婚會這麼不一樣。

結婚後，什麼都變了。

因為你少了個人空間，少了思考的時間，多了孩子在旁邊，你必須要面對的事情比未婚時多了好多倍，同時也多了很多複雜的情緒。

你掛不了電話，因為人就在旁邊；你冷戰不了幾天，因為生活還要繼續、孩子會問、會看；你不能再靠時間沖淡問題，因為那些沒解決的情緒會一點一滴地累積，變成距離；你想要發怒但又怕影響了家庭，這種想要擺脫又擺脫不了的情緒持續累積著，最後很容易變成一道難題。

很多人說：「有事就說出來啊，溝通最重要。」但你知道嗎？說出口真的沒那麼容易，就像本書提到的，很多人會害怕無條件接受另一半，覺得一旦如此，伴侶就會踩在自己頭上，但情況其實相反，當人覺得自己完全被接受，也就是得到了自己最渴求的事物，他們就會盡己所能地讓另一半快樂。

若想讓自己接受另一半，可以問自己：「她（他）現在在做的事，背後的正向意圖是什麼？」當你發現伴侶正承受痛苦的情緒、正竭盡所能地找回被愛的感受，你就可以體認到接受是什麼。

我們每個人都不一樣：有的人話很多，卻說不出重點；有的人一生氣就沉默到底；有的人用尖銳的語氣保護自己；有的人看似冷靜，其實內心已經碎成一地，表面卻仍裝堅強……當初選擇彼此的理由早已忘光，只剩憤怒的兩個人。

有人說：「在爭吵中，百分之九十的問題不在於你說了什麼，而在於你『怎麼說』、用怎樣的態度去說。」很多時候不是不說，是一開口就變火藥味、覺得自己一直被誤解，而對方也不是不願意聽，而是他聽到的是我的「情緒」，不是我的「心聲」。

我超級推溝通裡的一個小技巧：「先用一句正向話開場」。比起「你可不可以不要那麼自私」，請試著說：「我真的很希望你能理解，我這樣會覺得被忽略。」這不是討好，而是讓彼此更有空間說出真心話。

就像書中希望我們學會用語言創造親密，讓關係回到「我們」的起點。進入婚姻後才懂，愛不是天天說「我愛你」，不是轟轟烈烈，而是每天願意坐下來，哪怕吵完架，還能一起找回對話的方式、能一起溫馨的吃頓飯。

每對夫妻都會吵架，但重點在於溝通，要學會吵完之後，怎麼收拾、怎麼和好。

不是沒問題，是我們學會在問題中，保住愛。

（本文作者爲兩性作家）

作者序

當你改變溝通方式，關係一定會有出乎意料的改變

《伴侶溝通的奇蹟》問世多年，至今仍然不斷有伴侶寫電子郵件跟我說：「這本書對我們太有幫助了，真是出乎我們意料之外。」身為心理治療師，我看過雙方溝通不再帶著關懷時，會造成多大的痛苦，兩人一旦陷入交相指責的漩渦，常常就會覺得狀況不可能轉變。關於這件事，我既有好消息，也有壞消息，首先是壞消息：假如你們一直照舊不變，你們的關係八成也不會好轉；好消息是，如果你現在改變和伴侶的溝通方式，一切可以變得遠遠出乎你們意料之外。多年以來有無數對伴侶跟我說，他們溝通時少一點指責，多一點互相理解，兩人的關係很快就開始改善。

不幸的是，在現今快速變化、消費導向的文化裡，我們不會學到怎麼在戀愛關係中有效地溝通。正因如此，當你練習這本書提到的方法時，你可能會覺得像

是在學習外語一樣，也正如學習外語，你會需要練習一陣子，才有辦法自在地用這些方式說話。不過，一旦你熟悉方法，我想你真的會感到驚訝，因為一定可以從中得到你渴求的安全感和連結感。

由於這些年以來，我收到不少電子郵件，所以我又補充了一些其他伴侶認為特別受用的內容。舉例來說，在第一章裡我更強調所謂的「認知公式」——許多伴侶跟我說，光是這一項簡單的技巧，就讓兩人的互動模式徹底改變。

書中提到的方法大多相當簡單，但這不代表當你們遇到狀況時，這些方法能輕易上手。因此，我建議平常和伴侶交談時，先練習使用這些技巧。舉例來說，假如你的伴侶正向你傾訴他今天工作有多麼不順，試著使用書中提到的方法，以更深入地了解他的狀況，不要等到真的十萬火急的時候才採用我的建議。假如你們平時就練習使用這些方法，一旦在溝通上遇到嚴峻的挑戰，這時就會很有經驗和信心，可以一起成功化解。

正如學習任何新技能或行為模式一般，你總會有犯錯的時候，就像我寫了這本書，還是得承認自己有時候也會犯錯：我會指責別人、不傾聽別人或是說出傷人的話，如果發生這類事情，我會向伴侶道歉，然後照著我所知道的有效方法去做。幸好，照亮黑暗只需要一道微光。

只要你有辦法偶爾採用這本書的建言，我相信一定會得到讓你滿意的結果。

我會替你加油的。

前言

為你帶來前所未有的親密感

每次有伴侶來找我做心理治療時，兩人常常已經束手無策。我不時會看到他們坐在我的診間裡互相叫罵，雙方都會暗自希望我是一位全能的法官，聽完某一方指控另一半的「證詞」後，就宣判他完全無罪、另一人百分之百有罪。

但我會讓他們都失望，因為我告訴他們，雙方都會做出一些讓彼此無法更加親密之事，接著我會問他們願不願意用一點點時間，嘗試另一種伴侶溝通的方式——這個方式截然不同，卻非常有效。

現在，我也希望你一起嘗試。這本書的內容你也許不會完全同意，沒關係，你只需要採行覺得有用的地方，其他的東西不用管。我想，你試了之後就會有神奇的事情發生——這些方法可以讓伴侶關係產生奇蹟！

我的工作相當特殊：我是一位心理治療師，但保證最多只需要三次會診，就能改善伴侶之間的關係。因此，我把重心放在這件事上：**迅速轉變陷入泥淖的伴侶關係**。這聽起來好像不可能，但其實不然。我們只需要一套有用的理論，看看人究竟會怎麼被驅動，以及如何採用正確的技巧，就能有效帶出你和別人最好的一面。

我很高興有機會向你們介紹這些觀念，因為我知道它們有用。可惜的是，我知道許多坊間流傳的溝通技巧其實沒什麼幫助。反過來說，這本書的內容已經經歷過最嚴苛的考驗：即使是深深受創、憤怒、覺得毫無希望的人，本書提到的方法都有效。當你覺得舒服、有愛、平靜時，你不需要有人寫書教你怎麼跟人溝通。只有在我們覺得害怕、受挫，或想朝別人的臉揮一拳時，才需要一本書來教導你怎麼讓溝通變得有效率！本書的理論和方法非常簡單，效果卻非常強大，再怎麼艱困的情況都一樣管用。

當然，你不一定非要身陷困境，才會發現這些觀念和工具對你有價值。假如有些方法能讓充滿衝突的伴侶關係變得平靜，同樣也能讓良好的伴侶關係變得精采萬分。即使你已經婚姻幸福美滿多年，我深信這些工具仍能替你帶出前所未有的親密感。另外，雖然本書的主要目標是伴侶，但這些觀念也能讓你和上司、同事、孩子、家人、朋友的溝通更有效率。

我常聽到人這樣抱怨：他願意坦誠溝通，但另一半不想。確實，當另一半願意合作時，溝通會比較順利，但其實這並不是必要要素。這本書裡提到的許多方法，可以在伴侶完全沒有察覺的情況下使用，不過，如果你的伴侶願意看這本書，當然也可以鼓勵他閱讀。（我在書中每一段會交替使用「他」和「她」，讓男性和女性都涵蓋到。）假如雙方都願意力行，有些方法會比較容易使用，你甚至可以向伴侶朗讀一章，然後馬上實作該章提到的方法。

我們在學校裡可以學習講外語，甚至還能學到怎麼跟電腦「講話」，卻學不到如何在親密關係中好好溝通，這樣實在太過可惜。最近有一位朋友跟我說：「我真希望我跟太太溝通的時候，可以像我和電腦溝通一樣！」他這樣說，我覺得既好笑卻又悲哀。我問他：「為什麼你覺得跟電腦說話，比跟你太太說話還要好？」他回答：「因為我知道怎麼讓電腦理解我、做我想要它做的事，但我從不知道要怎麼讓太太理解我。」

這本書可以幫你和伴侶進行良好溝通，而且溝通方式讓他既能理解，也會享受。當你們漸漸學會互相滿足對方的需求時，信心和親密感都會增加。

學習這些技巧最好有一定的順序，因此我將本書分成三大部分。第一部為〈創造親密感〉，在這裡你會學到怎麼讓伴侶從你身上得到他們最想要的事。當你知道要怎麼讓伴侶獲得他們想要的事物，親密感就會增強，而且許多問題會直接消失。

第二部是〈避免爭吵〉，當中會教你怎麼避免「按到別人的痛處」，並且教你一些方法，讓你們以後永遠不再吵架。

第三部分是〈不傷自尊地解決問題〉，提供許多實用的方法來解決問題、建立長久的愛情，並有效改變讓人不高興的行為。我建議你先從頭開始閱讀本書，然後依照當下的需求，重讀相對應的章節。

我在每一章的結尾處都附上一段摘要，幫助你加強印象，同時也會提出一項實作練習，建議你和伴侶一起來做。學習新的溝通需要花時間研究和反覆練習，本書的習作大多非常簡單，只需要不到三分鐘的時間，關係就會大幅改善。

我真希望能親自帶著你走過每一頁，直接告訴你練習這些習作有多麼重要。

我在做伴侶諮商時，不斷看到這些簡單的習作所帶來的奇妙改變，當你讀完這本書，我希望你不單只是多了一些有用的想法，也希望你有全新的技能，讓你感受到的愛能大幅增加。

我們所說的一字一句有如魔咒：說錯話，伴侶就會變成大怒怪；但說對話，伴侶就會變成充滿愛意的王子或公主。當你熟悉讓溝通變得更有效率的魔法後，就能讓關係更和諧、更親密。祝你在愛情的旅程上美滿成功。

第一部

創造親密感

大家都想要(但從來不會提出來)的事

善舉不論卑微，定有其作用。

——伊索／《伊索寓言》作者

如果想善用你的車子，你應該要知道它需要什麼才能有效率地運作，得知道它需要加哪種汽油、當它運作不順的時候要怎麼修理。人也是如此。

幸好，追根究柢來說，所有人都大同小異。我們都想要三個A：**被別人認知（acknowledgement）、賞識（appreciation）和接受（acceptance）**。其實，這三個A讓人格特質能完整展現，少了它們，我們就會變得有防衛心、不肯讓別人進入你的心房。假如你想要有絕佳的伴侶關係，首先需要滿足另一半被認知、賞識和接受的需求。越能讓他感到被愛，他也就會對你更有愛。

在此我提出一個名為**「自尊帳戶」**的譬喻，來說明人格特質是怎麼運作的。

我對「自尊」的定義是：一個人在任一時刻當下，對自我感覺良好的程度。我們先假設每個人在自尊帳戶裡平均有十元，當戶頭裡只剩下兩元時，他們就會變得暴躁。我們常在報章雜誌裡看到有人遷怒他人，只因別人不小心看了他們一眼——這些人在當時只有「兩元」的自尊。當自尊戶頭裡「沒有錢」時，人的情緒往往會相當低落；自尊帳戶只有「十元」時，因為所剩不多，所以我們會非常刻意不去使用或弄丟這筆「錢」，在這種情況下，我們保護帳戶的方法通常不怎麼管用。

伴侶之間的關係出問題時，兩人一定都會互相怪罪對方，責怪伴侶拿走自己自尊戶頭裡的「錢」。如此一來，會讓你的伴侶覺得受到攻擊，在自我防衛之下，他會開始責罵你：「你覺得我自私？你該去照照鏡子，是你一直覺得別人都自私！」如此不斷循環下去。

你有沒有經歷過這種不斷互相傷害的循環？我有，而且這樣一點都不好玩：兩人都想要感受到愛和尊重，卻一直得不到。

當你的伴侶非常不高興時，讓他願意聆聽你的訣竅，就是讓他充分覺得自己被認知、賞識和接受。這三個A有如存錢到你伴侶的自尊帳戶裡：當你給他三個A，他的戶頭「存款」就會暫時變多，此時他會更有愛、更願意施予、更願意聆聽。因此，當你的伴侶覺得焦躁，最佳做法就是「存錢」到他的自尊帳戶裡。這樣做有如施展魔法，他會對你更加心平氣和，更能在關愛之下聆聽你，互相傷害的循環就會結束。

認知帶來的奇蹟

鮑伯和吉兒來找我諮商，兩人本來已經準備離婚，但他們決定在申請離婚前再努力一次看看，於是來診間找我。

他們兩人之間有所謂的「隱形責難」——他們從不會對彼此吼叫或嘲諷，但言下之意都是想讓自己「得分」，讓對方挫敗。我向他們說明了「自尊帳戶」的概念，但吉兒還是會說出隱形責難的話。每次她說這種話時，我就會叫她停下來，再問她：「當你這樣責怪鮑伯之後，你覺得他會更願意聽你說話，還是相反？」吉兒很快就理解為什麼鮑伯「從來不聽」她的話。

於是，吉兒問我：「那該怎麼做才能讓他傾聽我說的話？」我跟她說，鮑伯的自尊帳戶裡必須有一點存款，才會讓他願意傾聽。我建議她先認知或完整接受鮑伯對她的感受——每當鮑伯把他的觀點或感受告訴吉兒時，她通常會說他錯得有多離譜。鮑伯覺得自己的感受不被接受，因此只會更加封閉。我問吉兒：「當鮑伯想向你說明他的行為時，你覺得他這樣做有什麼正向意圖呢？」她回答：「他想要讓我看到他是對的，而我永遠是錯的。」吉兒這樣一說，讓我知道她的自尊帳戶裡並沒有存款，因為她覺得自己受到指責，因此，我認知、接受了她的感受。我跟她說：「我了解，你覺得自己被他指責了，我猜你一定不好受。」我認知到她的感受之後，她就願意聆聽我想說的話了。

在這個案例中，假如我跟吉兒說，她對鮑伯想表達的意思有錯誤的認知，她就不會願意聆聽我說的話了。

這裡要提到一個鮮為人知的事實：每個人的頭腦裡都內建一部隱藏的裝置，叫做**「指責偵測器」**。一旦有人想指責我們，或是說我們錯了，不論指責有多麼微小，都足以觸發偵測器的警報；一旦觸發警報，我們聆聽別人的能力就會自動關閉。假如我跟吉兒說，她說錯話了，她的耳朵就會馬上「關起來」，我說得再多都只是浪費力氣。

當一個人的自尊帳戶存款不足時，他的立場必須獲得認知，然後才能聽見你想說的話。認知他的觀點不等於同意，也不代表他是對的，而你是錯的，**「認知」只是單純表示你承認他的親身經歷，是他所看到的真相**。

我認知了吉兒對鮑伯的看法之後，便再問她一次：「鮑伯跟你說他的行為時，你覺得他有什麼正向意圖呢？」這次她反問：「你所謂的『正向意圖』是什麼？」

我說：「『正向意圖』是一個人的行為最終想要達到的結果。」吉兒想了一下才說：「我想，他會那樣解釋自己的行為，是想要我不再責怪他，並接受他現在的樣子。」

成功了！我告訴她，每個人最終都想要被認知、賞識和接受，這三樣東西給得越多，伴侶也越會用同樣的東西回饋你。

我建議吉兒先理解鮑伯的感受。於是她先說：「當你覺得自己被我指責時，一定讓你很受傷。讓你有這種感受，我覺得很抱歉。」接著，我建議她直接表達一件事——當她不氣他的時候，她會欣賞他哪些事？

吉兒誠心地向鮑伯訴說他對她來說有多重要，講出她珍惜他做的哪些事情，此時鮑伯開始卸下防備，眼裡泛著淚水。接著，吉兒跟鮑伯提到，她對於兩人關係不和睦這件事感到既害怕又受傷，語畢，鮑伯流著淚，伸出手擁抱她。兩人互相為自己造成的傷害向對方道歉，延續好幾個月的惡性循環，不到五分鐘就結束了。

這就是溝通的奇蹟。

使用認知公式理解另一半

常常有人問我：「『認知』、『賞識』、『接受』有什麼差異？」

我對「認知」的定義是：**願意同意另一半確實經歷到自己所經歷之事**。舉例來說，假設你的伴侶說：「我受夠你一直唸我。」你也許會回答：「我才沒有一直唸你，我只是跟你說要怎麼收拾乾淨而已。」這個回答看似無害，卻很有可能讓你們起爭執。為什麼呢？因為這個回答否定了伴侶的現實感受。

在伴侶的觀點裡，你確實嘮叨，他也真的覺得心煩。在你認知另一半的觀點和感受之前，他的耳朵是不會打開的，相反的，當你對他的觀點和感覺感同身受時，他就有辦法接受你的觀點和感覺。

在這個例子裡，你可以這樣表示你認知伴侶所說的話：「你好像覺得我一直很嘮叨，而你一定也覺得很受傷，讓你有這樣的感受，我很抱歉。」唯有伴侶覺得確實被認知（被理解）之後，她才會願意聆聽你的觀點，否則她聽不進去。

因此，伴侶的情緒有些激動時，要做的第一件事就是認知她的感受——就算這個感受有些瘋狂。記住，**認知她有那樣的觀點，不一定代表你同意這個觀點**。你也許沒有在唸她，但假如她覺得你在唸她，你需要先認知她有那樣的感受，她才會有辦法聽你的話。

認知可以建立信任，越是承認她體驗到的感受，她就越信任你，反過來說，你越是否認伴侶看到的現實，她就越覺得自己不能信任你。

我有一個簡單的方法，幫你記住要怎麼認知、承認另一半的感受，這一系列的填空題，我稱之為「認知公式」：

●**你聽起來（或看起來）好像＿＿＿＿＿＿**

用一、兩句話描述伴侶看起來經歷到什麼。

●**這樣你一定覺得＿＿＿＿＿＿**

猜測這樣的經歷會讓他有什麼感受。

●**讓你覺得＿＿＿＿＿＿，我很抱歉。**

猜測他的感受如何。

吉兒原本跟我說：「鮑伯想要讓我看到他是對的，我永遠是錯的。」我沒有否定她的說法，而是套用「認知公式」。我跟她說：「聽起來像是你覺得被他責怪，我想這一定不好受。你覺得這麼受傷，我很抱歉。」我只需要這樣做，就能讓她覺得我真的有在聽她說話，她也就願意聽我說話。

這個公式跟所有的填空題一樣，你必須改成自己的用語，別人聽到才會覺得你有誠意。等到你的伴侶覺得你真的在意他的感受，他才會在意你說的話。假如你願意使用「認知公式」，誠心誠意地理解另一半，我保證你們的關係會蛻變。

然而不幸的是，大多數人很少認知另一半，或者讓自己的感受被別人承認。當伴侶表示自己的痛楚時，多數人會馬上試著「修好」伴侶；或者假如伴侶的話聽起來有指責意味，他們會設法防衛，但這兩種做法都沒有用。

當我們感到痛苦時，首先需要有人承認我們的體驗，之後才會願意聆聽有哪些方式可以改善或化解這個處境。同理，只要伴侶覺得你真的聽見他（因為你認知了他所體驗的感受），他八成會非常願意聆聽你所說的話。

這世上確實有人能夠理解我們有多難受

我常常看到個案在碰到以下情況時，會覺得很挫折：他們出於關愛，向另一半提出建議，但另一半全盤否定他們說的話。

這不是因為這些建議沒有用，而是時機不對。我們必須感受到別人有同理心、能理解我們，才有辦法接納解決的方法。假如有個三歲小孩心裡覺得受傷，你會怎麼處理？你應該不會直接跟她說她做錯什麼事、應該要怎麼做，我想，你一定會先表達你非常能夠感同身受。為了讓她知道你在關心她，你可能會跟她說，她受傷了你也覺得難過，然後仔細聆聽她的遭遇。接著，等到她情緒稍微平穩一點之後，假如她看起來願意接納你說的話，你才會給她一些建議，讓她知道以後碰到這個狀況要怎麼處理才好。

當我們很難過時，就會像三歲小孩一樣。我們也必須知道，這世上確實有人能夠理解我們有多麼難受。假如我們第一時間得到的是建議，而不是別人的認知，就會覺得被誤解、受到背叛。但是，只要我們覺得自己的痛楚受到承認，另一道輸入的窗口就會開啟。每個人所需不一，你的伴侶有可能只需要你表達一點點同情或認知，但也有可能需要很多。你表達認知的方式越充滿關愛，他就會越快願意聆聽你想說的話。

在我的經驗裡，「認知公式」是現下最有效的方式，能在伴侶關係中增加親密感、降低衝突。這個做法理論上不難，實際上卻有可能難以做到，不過值得你去做。只要你使用這個方法時，是發自內心想要理解另一半，它一定會帶來奇蹟。

表達你由衷的賞識吧

「賞識」與「認知」不同。

我把「賞識」定義如下：**向你的伴侶表達你喜歡他／她哪一點**。

你可以先問自己一個簡單的問題：「我喜歡或欣賞伴侶哪些事？」只要專注在這個問題上，並適時向另一半說出你的答案，她的自尊帳戶就會有滿滿的存款。另外，當兩人有摩擦時，向她表達賞識可以讓她不會想再責怪你，或者讓她豎起防衛。記住，她的自尊存款越多，就會越願意聆聽你。

若要學會善用賞識的藝術，最好能經常使用它，就像偶爾去運動一下並沒有什麼用處；同理，每個月只向伴侶表達一次賞識也沒什麼用。越是懂得互相賞識，這件事就會變得越容易，你們也越能利用這個簡單卻鮮為人知的方法來創造親密感。

另外，表達賞識的方式越具體、精確、生動越好，像「我喜歡你好相處這點」這種空泛的賞識並沒有什麼效果，但這樣講就非常有用：「之前你願意伸手幫那位坐輪椅的人下樓梯，我為你感到驕傲。」、「你常常會替我做一些小事，像是買花送我或留小紙條給我。這一切都讓我心裡覺得溫暖。」你是不是也覺得這種具體、生動的描述句的力道更強？把你內心的詩意釋放出來，向伴侶表達由衷的賞識吧！

我主持溝通工作坊的時候，會帶兩個小娃娃，我叫他們「讚美夫婦」。摸娃娃肚子的時候，他們會傾吐各種賞識的言語。

讚美先生會說：「每天最美好的事就是想你！」讚美太太會開心地說：「沒錯，我們不需要別人指引方向，我們靠自己就會找到讚美對方的捷徑。」這兩個娃娃每次都會讓學員大笑。我問他們為什麼笑，他們總是會說，另一半絕對不可能對他們說這種話——這樣實在太可惜了，就算你講的話有些肉麻也沒關係，在這之後所創造出來的愛慕之情絕對值得你說出來。

接受的態度有如良藥，可以治癒你和伴侶的心靈

接受是第三個A，通常也是這三個當中最後發生的事。「接受」表示你愛伴侶的全貌，包括所有的優點和缺點。「接受」的另一個同義詞是「無條件的愛」。**「認知」和「賞識」都是你可以對伴侶「做」的事，但「接受」是改變心態**。一般來說，父母就算不喜歡孩子的某些行為，還是會接受和愛孩子。你也可以對伴侶有這種無條件的愛——事實上，你的伴侶也渴望能有這種愛。

我發現許多人害怕無條件接受另一半，覺得一旦這樣做，伴侶就會踩在自己頭上。但情況其實相反：當人覺得自己完全被接受，就會盡己所能地讓另一半快樂，因為他們得到了自己最渴求的事物。

當然，無條件接受伴侶並不容易。我們通常會覺得，只要對方改變某件事，自己就會更愛對方。例如：「假如另一半個性更好／更瘦一些／更有錢／更愛乾淨，我就會全心全意地接受他。」但如此一來，你的伴侶永遠不會覺得完完全全

被愛，也因此不會完完全全地接受你。

有一種方式可以幫你無條件接受伴侶：**學會理解她任一時刻下的正向意圖。**每個人最終都想要覺得有價值、感覺被愛，因此行為背後一定都有正向意圖。就算你的伴侶講了某些話傷害到你，而她這樣做的正向意圖是要讓自己的自尊帳戶存款增加，藉此覺得自己有價值。你不必跟她說你喜歡她這樣的舉止——因為你真的不喜歡。你只需要注意到一件事：**雖然她這樣對你，不過她的行為確實有正向意圖。**

若想讓自己覺得接受另一半，一種實際的做法是問自己：「他（她）現在做的事情，背後的正向意圖是什麼？」當你發現伴侶正承受痛苦的情緒、正竭盡所能找回被愛的感受時，你就可以體認到「接受」是什麼。

有人說，人所做的事情若不是愛的回應，就是求助的吶喊。嬰兒大哭的時候，我們很容易看到他們有多麼脆弱，以及大哭背後的正向意圖（不想要那麼難過）。正因如此，就算你不喜歡嬰兒的行為，你還是能很容易地忽略這一切，繼續愛著他們。同理，當伴侶發出求助的吶喊，只不過他「吶喊」的方式是耍脾氣，你會需要多花點力氣才看得到他的正向意圖和痛苦，但只要你願意找，就一定找得到。接受伴侶，不代表你從來不覺得他煩，而是表示你一直都愛著他——即使他的言行舉止偶爾彆扭了一些。

「接受」的態度有如良藥，可以治癒你和伴侶的心靈。

善用三A，換來美滿的生活

請不要等到你對伴侶不滿的時候才給他這三個A。事實上，你越常讓另一半確實覺得被認知、賞識、接受，她就會越關愛你。她會把你多給的愛「儲存」起來，當兩人關係無可避免地遇到小波折時就更能應付。你越是不斷把愛給予另一半，她就會覺得越親近，也越會用真誠的賞識來回饋你。這樣一來，良性循環就會開始，讓你們的愛和親密感不斷提升。

三個A的效果出奇地好。

雪莉和史蒂夫是一對伴侶。史蒂夫抱怨他的妻子從來不想做愛，但雪莉卻覺得史蒂夫只想著做愛。我建議史蒂夫先認知雪莉的觀點（但不一定要同意）。他誠懇地說：「我了解你覺得我一直在逼你做愛。我想你一定覺得不好受。讓你覺得不高興，我感到抱歉。」雪莉的坐姿原本僵硬如盔甲，但聽到這段話，馬上軟化了下來。我建議史蒂夫試著了解和接受雪莉的正向意圖，因為她想要覺得安心、可以掌控自己的身體。最後，我建議史蒂夫以非情欲的方式來賞識雪莉。

史蒂夫一開始不太敢賞識太太，因為他的自尊帳戶裡「存款」不多，怕他給雪莉太多賞識，自己的存款就會變得更少。我建議他先進行一週的「實驗」：在這一週裡，我要他用言語和溫暖且非情欲的擁抱，向太太表達賞識之情，看看這樣做有什麼效果。

只過了幾天，史蒂夫興奮地打電話給我：「我太太好像變了一個人！我們這週做愛的次數比之前一整年還多！你對她做了什麼？」我向史蒂夫說，學會用言語表達賞識以及關愛的撫觸，可以帶來意想不到的好處。他們一週後回診時，看起來像是正在度蜜月的情侶。

你也不妨試試看。下次覺得伴侶在「鬧脾氣」時，認知她感受到的現實，再對她說出你對她的賞識，當她表達痛楚後，也許可以試著給她溫暖的擁抱。這個接受的舉動很簡單，卻能迅速改變另一半的感受。當你們規律地互相認知、賞識和接受對方，你們都會覺得身在仙境一般。

親密重點

一、當伴侶不高興的時候，請在他的自尊帳戶裡存錢。認知他感受到的眞相（就算你不同意他的觀點），告訴他，當他感到痛苦時，會讓你覺得不好受。接著，跟他說他哪些方面讓你覺得眞心欣賞、看重。

二、接受始於認知伴侶的正向意圖與痛苦。若想知道她的正向意圖，你只需要問這個問題：「即使手法有些彆扭，但她這樣的舉措，最終是想得到什麼樣的正面感受？」當你學會接受伴侶（即使你不喜歡她的行爲），會讓你們獲得無條件的愛。

三、當你認知、賞識和接受你的另一半（或任何人），而不是責怪她，你會發現她聆聽、回應你的方式會明顯改變。

實作練習

這週請試著表達你對另一半的認知和賞識。

假如她覺得難過，你可以用以下的方式承認她對外在世界的感受和體驗：「聽起來……這樣一定讓你覺得……你這麼難過，我覺得很抱歉。」

問自己「我喜歡或欣賞伴侶的哪一點？」這個問題，找出伴侶哪些事情讓你賞識，發現了之後，就告訴你的伴侶，並注意這麼做讓你們的關係有什麼變化。

如何讓伴侶怦然心動？

被愛觸動下，人人皆能成詩。

——柏拉圖／古希臘哲學家

我有個問題：假如給你一萬塊，你能不能在一分鐘內讓伴侶感到不開心？大多數人一定會大聲說：「可以！」你可能會向伴侶提到某個他一定會覺得火大的事情、人物或問題，我們把這種行為叫做「踩到我的底線」。因為和伴侶相處了一段時間，他們通常會知道我們的「底線」在哪裡，所以一旦「踩到底線」，就足以讓我們不滿。

可是卻沒有一種譬喻用來形容相反的情況：當伴侶做了某件事之後，我們一定會覺得被愛。我們也許可以把這叫做「踩到愛的底線」，但這樣講沒什麼詩意，所以我寧可把這稱為**「讓我怦然心動」**。當別人讓我們動心時，彷彿這個人在我們的心裡下了魔咒，如果想在關係中感受到更多愛意，可以學會用一些方法，讓伴侶自動覺得「被撩到」。

當另一半感覺到你全心全意地愛她時，你覺得她會怎麼對待你呢？相信沒多久，你們兩人就會互相讓對方心動，讓這個良性循環不斷運作，這樣是不是很美好呢？

你和伴侶在熱戀期時，可能會覺得每天都徜徉在溫暖、甜蜜的愛意之中，為什麼呢？因為這時你們還沒有面對什麼嚴重的問題，而且也會以各種方式表達愛意——互相寫紙條給對方、送對方小禮物，相處時也極其溫柔、關愛。當然，你們不可能年復一年、一直用同樣的方式來表達愛，即使如此，你們還是會想要有許多甜蜜的時刻。當你學會怎麼讓伴侶怦然心動後，無論你們身在何處或是有多少時間，都能馬上創造出令人深感驚豔的時刻。

伴侶偏好透過什麼方式感受到愛？

若要讓伴侶感受到你很愛他，你必須知道每個人對「真愛」有不同的定義或規範。舉個例子，多年前，我有一任女友名叫雪兒，那時我正在按摩她的肩膀，但她突然大叫：「你能不能停下來？」我完全愣住了，問她：「什麼停下來？」她厭煩地說：「你老是在幫我按摩、沒事就在碰我。為什麼要一直毛手毛腳的？」她說的沒錯，我常常幫她按摩。我說：「我這樣做是想表示我有多麼關心你。」她馬上回我：「我不覺得有被愛的感受，畢竟你從來沒有說你愛我。」她這麼說也沒錯，我從來沒有對她說出「我愛你」三個字，但她常常會對我說。

雪兒和我為此深入討論了一番後，終於理解這一切是怎麼一回事。在我的成長過程中，每次父母打我或處罰我的時候，他們都會說：「我們這樣做是因為我們愛你。」因此，我對「我愛你」三個字有負面的聯想。我覺得嘴巴說出來的話沒什麼價值，如果真的想讓人覺得你愛他，就要用舒服的方式撫觸——對我來說，這就是表達真愛的法則。

但是，雪兒在成長過程時，有一位叔叔經常幫她按摩。有一天，這位叔叔竟然性侵她，也因此，當我幫她按摩時，她覺得這在預示自己接下來會受害。我們都覺得自己在向對方表達愛意，殊不知其實在互踩底線！

一般而言，我們向別人表達愛意的方式，就是我們希望接收到的方式。我會幫雪兒按摩，是因為按摩會讓我覺得被愛，就算今天是一隻大猩猩幫我按摩，我也會覺得被愛。雪兒常常對我說她愛我，因為她想要聽到這句話。

怎麼得知讓伴侶怦然心動的時刻？

假如我們不知道伴侶偏好用什麼方式感受到愛意，最後就會白費很多力氣又不見成效。反過來說，**假如我們知道怎樣可以讓伴侶覺得安穩、被愛，就能輕易、穩定地創造親密感**。

你可以和伴侶透過一個簡單的練習，找出最能讓他「怦然心動」的方法。

首先，請他先舒舒服服地坐著，然後輕輕地跟他說：「閉上你的眼睛，深呼吸，回想一下你深深覺得我愛你的時刻。盡可能回想所有細節。想一下我們當時在哪裡、在做什麼事？當時是哪一件事情讓你覺得我真的愛你？」給你的伴侶一分鐘左右的時間，讓他完整重溫這個時刻。接著再問：「哪個細節讓你感覺到我真的愛你？是我說的話？我看你的眼神？我撫觸你？還是其他事？」

有時候，你的伴侶會立刻知道答案，但假如他說不出來，那麼試著問他：「再回想這個你覺得我真正愛你的時刻，當你需要知道我真的愛你時，我需要說什麼話嗎？」等他回答，再問：「如果你要知道我真的愛你，我需要用某種特定的方式看著你嗎？」再等他回答，接著再問他是不是需要用某種方式觸摸他，或是需要你為他做什麼事。

有了這些線索後，可以再追問更詳細的問題。舉例來說，如果你的另一半說：「是你對我說話的方式。」那再問他：「我說話的方式如何讓你覺得我愛你？是我說了哪些話？還是我說話的語氣？或者兩者都是？」這樣持續問下去，你們就會確切找出哪件事可以讓他怦然心動。

假如你想要的話，可以再請伴侶回想另一個他覺得你愛他的時刻。也許這個情境裡也有一模一樣的行為，但你也有可能發現另一種全新的方式，讓另一半覺得你完完全全地愛著他。

她越是讓我心動，我就越爲她瘋狂

莎拉和吉姆來找我諮商，兩人都覺得沒有感受到對方的愛。我教他們怎麼找到讓對方怦然心動的方式，但吉姆不太擅長做莎拉所想要的——莎拉感覺到被愛的方式，主要是用非常輕柔的語氣跟她說：「親愛的，我真的好愛你。」不過，吉姆每次說這幾個字的時候都不太對：他的口吻聽起來很生氣、挫折或冷漠。

後來，我把他帶到另一個房間指導，一直教到他使用正確的方式說這句話。回到診間後，他坐下來並用非常甜蜜的口吻說：「親愛的，我真的好愛你。」莎拉的雙眼馬上泛起淚光。吉姆覺得好訝異，立刻轉頭對我說：「哇，這招還真有用！」

實際做出讓伴侶怦然心動的行為時，你也許會覺得有點怪，畢竟你可能不會因此覺得被愛，你的伴侶需要的方式，甚至有可能跟你完全相反！比方說，你難過的時候也許想向人傾訴，但你的伴侶可能會想獨處。正因如此，我們必須知道另一半要怎樣才會覺得被愛，並且照著做才行——就算這樣做會讓你覺得怪。

只需要稍加練習，你就會習慣用伴侶偏好的方式來表達愛意。

假如你知道自己怎麼樣會心動，就能把這項重要的資訊告訴伴侶。你可以對自己進行前述的練習，或者請伴侶詢問你上一節提到的問題。當你發現伴侶做了什麼事會讓你感受到溫暖、安穩的愛，你也許會覺得訝異。一旦伴侶知道怎麼有效地讓你感受到愛意，她就更能輕易、穩定地表達出她真的關心你，這樣就像是在你的自尊帳戶裡「存錢」一樣。

我和我的另一半海蓮娜發現，能夠互相撩動對方心房，對彼此的關係非常有幫助。我們做了前面提過的練習後，她發現只要輕輕幫我按摩，即使我的情緒再糟，也能夠迅速和緩下來；而我發現，只要說出「我為你瘋狂」這句話，一定能讓她完完全全地感受到愛意。

還有一些其他的事，例如我們一起看《星際爭霸戰》，或者到某間餐廳用餐，總是能讓她感到安全、被愛、被賞識，因此，我們會常常一起做這些事。

她越是讓我心動，我就越為她瘋狂。（她常常讓我心動，所以我現在對她完全痴迷。）

愛的共同帳戶

在《愛之語：兩性溝通的雙贏策略》裡，作者蓋瑞・巧門提到人們接受愛的方式，通常會透過以下五種「愛語」的其中一種：

一、肯定的語言
二、精心的時刻
三、接受禮物
四、服務的行動
五、身體的接觸

巧門分別詳述這五種「語言」，也教導讀者怎麼辨認哪種對自己來說最重要、哪種對伴侶最重要。他在書中提出許多有價值的見解，其中一個我特別喜歡：**怎麼解讀你和伴侶最重視的語言？**巧門建議讀者，回想自己在關係中覺得受傷或缺乏愛的時刻，再去思考當時缺少了什麼。你覺得當時缺少的東西，很可能就是讓你接受到愛的最重要方式。

每當你撩動伴侶的心扉，你就會在你們「愛的共同帳戶」裡進行「愛的存款」。「愛的共同帳戶」有如兩人共同擁有的戶頭：當一切順利時，戶頭裡就會有很多「存款」。假如兩人不斷往這個帳戶裡存錢，你們就會覺得愛意充沛；假如存款歸零，兩人的感情可能就會破產。

面對問題有如從這個帳戶裡提款，如果問題能輕易解決，那提款的金額就不大；如果問題變得難分難解又難堪，那就像是開了支票卻跳票了一樣。當你們「愛的共同帳戶」裡存款充足時，處理問題就會變得簡單許多。因此，不妨設法讓伴侶心動，藉此經常在這個帳戶裡存款。

記住那些讓伴侶特別有感的小事，因為只需要做這些小事，就能對他產生很大的影響。如此一來，你們會馬上覺得格外親密，當碰到問題時，就有充足的存款來共度難關。

親密重點

一、每個人都有特定的小事，只要做了或說出來，就能立刻感受到被關愛。

二、你可以請伴侶回憶那些她感到完全被愛的時刻，並問她是哪件事讓她知道你眞的愛她，由此了解要怎麼讓她怦然心動。

三、伴侶之間不斷做出互相讓對方心動的行爲時，「愛的共同帳戶」裡就會充滿愛意，當問題出現時會更容易解決。

實作練習

假如你還沒有這麼做，請試著找出讓你伴侶怦然心動的事。最簡單的方法是直接問伴侶：「有哪些時候你最能感受到我的愛？」等他回答，然後再問問：「當時是什麼讓你知道我眞的愛你？」試著多問細節，越具體越好。

同時，也對自己問這些問題，並告訴你的伴侶，他做什麼事能讓你完完全全地感受到被愛。

不用言語就能增進親密感的四種方法

人生的快樂，唯有愛與被愛。

——喬治桑／法國小說家

若要讓伴侶怦然心動，有時候最有效的方法不需要任何隻字片語。心理學家推估，人類的溝通效益有百分之九十三透過非語言的暗示。換句話說，我們講出來的話只占溝通意義的百分之七！怎麼會這樣呢？大家都知道光耍嘴皮不代表什麼，所以會直覺看非語言的線索，來判定一個人是否誠懇。打個比方，假如另一半對你用嘲諷的語氣說甜蜜愛語，你大概不會相信他說的話是真的。

大部分談論溝通的書籍只關注要講哪些話，卻忽略怎麼用非語言的方式來創造親密感和安全感。不過，確實有一套方法可以讓你不透過語言，就讓伴侶感覺到你接受和賞識他，這一章列出的四個方法格外有效，而且容易學習。

笑是世界共同的語言

第一種不說話就為伴侶帶來安全感和愛意的技巧很簡單：**看到他的時候對他笑**。

當伴侶看到你溫暖的笑容，就知道你的心情不錯、你賞識她，而且也很高興能看到她。簡簡單單的微笑，比任何話語更吸引人。如果你走到另一半面前跟她說：「嗨，我只是想跟你說我現在心情很好，也全心全意地接受你和賞識你。」她一定會以為你嗑了什麼怪藥。但上面這一段話只需要透過微笑就能傳達，而且不需要講話。溫暖的笑容能讓她立刻感受到你認知、賞識、接受她，並讓她感覺自在。一旦有這樣的感受，更深層的信任和親密感也更容易建立。

微笑的影響力遠超乎大多數人的想像。有研究發現，只要在每一間監獄牢房裡畫一張笑臉，暴力事件就會減少百分之二十五。

你的伴侶會在潛意識中觀察非語言的暗示，藉此評斷你有多關心她。假如你每次看到她的時候都是一副想要指責她的樣子，即使你一句話都不說，她也會知道。反之亦然，假如你看到她的時候總是快樂地笑著，她就會覺得自己深深地被你賞識和接受，她的自尊帳戶存款也會暫時變多，隨即對你多付出關愛之情，也會更迎合你。

笑容是唯一跨文化的共同語言，不管在什麼文化裡，微笑的意義基本上都一樣。當一個人覺得快樂、有善意時就會微笑，這是人與生俱來的行為。事實上，假如你覺得鬱悶，強迫自己笑就能馬上讓你心情變好。這也許看起來很奇怪，但有一種「治療」憂鬱的特效藥，就只是戴上裝置逼自己嘴角上揚！只要維持這個表情，大腦裡就會釋放出帶來快樂感受的腦內啡。因此，我建議你看到另一半時，培養出微笑的習慣，這樣會立刻讓你們兩人產生好感。

模仿姿勢

第二種默默和伴侶溝通的方式是像照鏡子一樣，**模仿他的姿勢**。

我們和伴侶覺得緊密連結時，往往會不自覺地變成跟他相同的坐姿或站姿。這是一種讓自己像別人的方式，因為你越像某個人，他通常越有可能喜歡你。

有些人會擔心，如果自己跟身邊的人用相同的坐姿或站姿，對方看到會覺得很奇怪，但其實不會。人不太會注意自己身體的姿勢，所以如果你跟對方用相同的坐姿，他當下不會發現，但頭腦會在潛意識裡說：「這個人跟我一樣，所以我可以信任他。」這時彷彿有了魔法一樣，他會覺得你身上有某個特質讓他感到自在。你任何話都不用說，就能讓他覺得更親近你。

多年以前，我深刻體驗到模仿可以創造多麼強烈的連結。

前女友雪兒的父親是一位軍官，但我那時過著波西米亞式的漂泊生活，跟靈性的群體同住、搭便車橫跨美國等等。雪兒的父親聽到關於我的事，就不想跟我碰面，但雪兒最後還是說服父親和我見面吃一頓飯。他到門口迎接我的時候眉頭深鎖，雙臂緊緊交叉在胸前，對我大吼：「羅賓森先生，你的事情我可聽了不少！」我站成跟他一樣的姿勢，用相似的口吻大吼回去：「史密斯先生，你的事情我也聽了不少！」雪兒覺得我一定是哪根筋出問題，因為她從來沒看過我這樣站著或這樣說話。

在用餐期間，我一直模仿史密斯先生的姿勢。他想討厭我，但他的頭腦在潛意識裡跟他說：「這小子跟你一模一樣。」雖然他不知道為什麼，但晚餐進行到了一半，他就覺得跟我有一種神祕的連結。不久後，他變得更放鬆自在，這時我也回到平常溫和的樣子。晚餐結束後，當他暫時離席時，雪兒把我拉到一邊問：「你對我爸爸做了什麼？」我問她：「你指的是什麼？」她回答：「你去上廁所的時候，他說你是他見過最棒的年輕人！」

我們可以從這則小故事裡看到，若要讓人感到信任與緊密連結，模仿別人的肢體語言是一種出奇有效的方式。

當你模仿你的伴侶時，你不必模擬對方每一個小動作，只需要大致使用跟他相同的坐姿或站姿即可。假如他用非常放鬆的坐姿，你也這樣坐著；假如他站得非常嚴肅、挺直，你也站得跟他一樣。我們隨時都在模仿別人的姿勢，只是往往沒有察覺而已。下次你和伴侶相談甚歡時，注意一下你們兩人的姿勢，可能會發現你們的姿勢大致相同。假如你有意識地模仿伴侶的姿勢，就能不斷在潛意識裡帶來被接受和信任的感覺。

珍愛撫觸

第三種讓愛超越言語的技巧，是**經常用關愛、非情欲的方式撫觸另一半**。醫療專家現在普遍知道，嬰兒在最初幾個月一定要有人擁抱才能存活，假如撫觸不夠，營養再充足的嬰兒也會死亡。撫觸不僅對健康十分關鍵，也是一種用來表示接納和愛意的重要方式。少了這種「靈魂之糧」，我們的自尊帳戶很容易破產。話雖如此，在我們的文化裡，大多數人獲得的撫觸並不夠。

在我們還是嬰兒的時候，觸覺是第一個理解的溝通方式，因此，觸覺對我們的影響有可能比言語還深刻。當我們漸漸長大成人時，會建立起過濾和防禦系統，使我們不被言語左右。如今，我們不斷被廣告轟炸，因此不管聽到什麼，都學會盡可能不為所動。

但觸覺就不同了，即使別人講的話值得懷疑，但我們通常會覺得他的撫觸是「真誠」的。充滿關愛的撫觸，可以繞過心防、觸動內心。如果你想要有效地讓伴侶得到三個Ａ，必須學會怎麼用關愛的方式觸摸他。

關愛的撫觸和情欲的撫觸不同，有些人分不清這兩個，最後因此付出代價。

情欲的撫觸很棒，但它無法代替與性愛無關的觸摸。許多女性個案向我抱怨，她們的伴侶只有在想做愛的時候才會摸她們。這種事情發生的時候，女人通常會認為男人是這個意思：「我沒有真的喜歡你，但我為了滿足私欲願意和你性交。」在這種情況下，難怪女人被另一半觸摸不會覺得興奮。但是，如果男性經常用非情欲、關愛的方式撫觸伴侶，女性就會覺得安全、被愛。女性真心覺得安全、被愛，就更想要有性行為，當她們覺得被利用的時候就不會。

需要經常得到關愛撫觸的不只有女性，男性也渴望有這種感受。當然，假如男人覺得自己的性需求沒有被滿足，他可能會認為另一半的觸摸都是想要做愛。不過，一旦他滿足了性需求，他會樂意接受肩頸按摩。

不論是性愛或被撫觸，男女在這兩方面的需求當然不同。有一項研究發現，百分之七十的女性願意這輩子不再有任何性行為，只要每天可以和伴侶窩在一起或深深擁抱就好。我會建議你找出另一半具體的撫觸需求，並盡可能地滿足。雖然以下的規則有少數的例外，但伴侶關係中的大原則如下：**你越滿足伴侶的需求，他也越想滿足你的需求**。我會鼓勵雙方互相溝通，找出彼此最喜歡和最不喜歡的觸摸方式，兩人若經常互相用愉悅的方式撫觸，親密感就會提升。

觸覺維他命

蘿莉和傑夫找我諮商時，抱怨兩人之間沒有激情。他們都非常聰明，事業也相當成功，彼此間也十分友善。兩人的溝通沒什麼問題，也懂得避免互相指責或爭吵。理論上，一切好像都沒問題，但下半身的事卻沒有動力——他們每個月可能會做愛兩次，但沒有乾柴烈火的感覺，不知道究竟出了什麼問題。

我問他們每天互相觸摸的次數，而他們卻用奇怪的眼神看我，好像在說：「這個跟那個有什麼關係？」光從他們的表情來看，我就知道自己抓到重點了。他們的頭腦雖然充滿善意的言語，但內心、身體、靈魂被忽略了。於是我寫了以下的「處方箋」給他們：

醫囑：在就寢時間以外，每天互相給予對方三次溫暖、關愛的撫觸。可服用以下四種「觸覺維他命」：

一、維他命H：十秒鐘以上的擁抱（hug）。

二、維他命M：三十秒以上的按摩（massage）。

三、維他命F：輕輕撫摸（feathering）伴侶的頭髮和頭皮。

四、維他命C：愛撫（caressing）伴侶身體任一部位十秒以上。

他們照做了。當時他們在診間原本是分別坐在沙發的兩端，一週後回診時卻一直黏在一起。假如我沒有當場叫他們克制點，他們搞不好會直接在診間裡做愛！固定進行非情欲的撫觸不失為愛情的特效藥。

來電的火花

最後一種不用言語也能創造愛意的方法，我稱之為**「來電的性愛」**。這不會牽涉到情欲的肢體接觸，卻也能和最激昂的性愛一樣熱情。

方法很簡單：坐下來面對你的伴侶，輕輕握住他的雙手，注視他的眼睛，然後兩人一起呼吸。假如你們是異性伴侶，比較好的方式是讓女生照正常的方式呼吸，男生再配合她：注意她的肩膀什麼時候起落，就能配合她吸氣和吐氣的時間。一、兩分鐘之後，兩人呼吸的頻率就會同步，此時不用多費力氣就能一起呼吸。繼續注視著伴侶的雙眼、一起呼吸，維持至少五分鐘。

如果有個外星人要你描述男女怎麼性交，聽起來可能一點都不有趣。性交的機制聽起來其實相當奇怪。你可能會說：「男方將陰莖插入女方體內，雙方維持這樣的姿勢，前後移動臀部幾分鐘。」這樣的描述看不到兩人做愛時，種種奇妙的感受和連結。來電的性愛也是如此：光看描述好像覺得沒什麼，但如果用背景音樂和燈光製造出浪漫的情境，就可以變成非常動人的體驗。我希望你也來試試。

我帶工作坊的時候，會請伴侶在工作坊裡進行十分鐘的「來電的性愛」，許多人會因而上癮。

這是最快速深深陷入愛情的方式之一，但也是最讓人恐懼的方式之一。這個方法對有些人來說非常管用，但也有一些人覺得效果不佳，因此我建議你至少認真嘗試一次看看。有些伴侶會興奮地告訴我，他們使用這個方法比肉體性愛更享受。不論你們是否喜歡，一定都會覺得這個方法威力驚人。

親密重點

一、在我們溝通的過程中，大半的影響力其實來自非語言的訊息。當你學會怎麼不用言語來製造與伴侶的親密感時，就會開啟全新的方式來體會所渴求的愛意與連結。

二、和伴侶見面時先微笑，並模仿他的姿勢，這樣能讓伴侶覺得安心、被你賞識。這些簡單的做法會在潛意識裡產生作用，但效果可能非常強大。

三、非情欲的撫觸和「來電的性愛」都能讓你和伴侶之間立刻產生深度連結。當你越能滿足伴侶被觸摸的需求時，他也會更願意滿足你的需求。

實作練習

接下來幾天裡，請專注使用非語言的方式來增進你和伴侶之間的親密感。試著微笑、模仿伴侶的姿勢、經常撫觸伴侶，或使用「來電的性愛」。現在就選以上其中一個方法，今天晚上和伴侶一起試試。

第二部

避免爭吵

寧可言之有理，還是感受到愛意？

人性的抉擇，是成長背後最強的道理。

——喬治．艾略特／英國小說家

我有好消息，也有壞消息。壞消息是：如果你想要幸福洋溢又充滿愛的關係，就必須放棄堅持自己一定是對的。當你堅持自己是對的，等於間接告訴伴侶她是錯的。你無法一方面堅持自己正確（這樣相當於責怪對方），同時又想要有親密感。相信我，我試過了。這樣就像是讓房間裡同時又暗又亮一樣。但好消息是，只要你願意捨棄這件事，你們的關係就能輕鬆充滿愛、和諧和滿足感。

人與人之間難免有衝突，這件事無可避免。但是，衝突並不是真正的問題：

假如處理得當，困境反而有可能讓兩人更親近。事實上，假如沒有偶爾發生衝突，伴侶之間幾乎不可能發展出更深刻的親密感。真正讓伴侶之間撕破臉的是指責。

責備就是堅持自己是對的，並把錯誤都歸到另一半身上，但這樣有如慢性的毒藥，會漸漸滲透進兩人的對話之中，直到原本共有的愛情被汙染殆盡。

伴侶問題的根源，大多是因為兩人都堅持自己是對的，有了這個認知之後，我們就來仔細觀察這個現象。

當你進入責備模式時，你只知道自己絕對公正無誤，而另一半完全不講理。在焦急之下，你會提出清清楚楚的事實，證明他錯得有多離譜。我們大概都會暗自希望有一天在我們陳述之後，另一半會說：「哇，我現在總算弄懂你一直想說的話！我完全錯了，你一直是對的。我很抱歉這樣傷害你，你能不能原諒我的過錯？」你可曾遇過任何人跟你這樣說？我沒有遇過。顯然，指責別人不會讓我們滿足願望。

有許多方法可以讓兩人擁有美好的關係，但導致關係惡化的事情只有一個：

責備。一旦我們堅持自己一定是對的，我們講的話就會是錯的。既然責備別人從來不會有用，當你強烈感覺自己是對的時候，首先需要徹底改變你的心態。如果不這樣做，伴侶的「指責偵測器」就會大響，然後你的問題就會變得更加棘手。

如何跳脫責備模式？

當我們感到不悅、受挫，又深信自己正確無誤時，要怎麼做才能讓溝通變得有效？多年以來，我嘗試了許多方法，看看怎樣才能讓自己快速跳脫責備模式、進入有助於用愛溝通的方式。在多方嘗試之下，我總算找到兩種方法，不僅對我有用，許多被我教導過的人也覺得很有幫助。

第一個方法是透過三個簡單的問題。當我覺得兩人關係中的問題主要是伴侶的錯，我會這樣問自己：

一、**假如我堅持自己正確（也就是責怪伴侶），可能會發生什麼事？**

二、**我寧可感受到愛意，還是要言之有理？**

三、**我特別喜歡伴侶的哪一點？**

當你遇到小小的不滿，甚至是中等程度的不悅，問自己這三個問題就足以改變你的感受。一旦感受改變了，就更能用可以促成親密感的方式來溝通。我們現在來細看這幾個問題。

當你問自己：「假如我堅持自己正確，可能會發生什麼事？」你應該要想一想在責備模式之下可能會遭遇的痛苦和挫折。詳細的情形會因為你和伴侶的習慣有別，但你們很可能不是互相爭吵，就是故意不和好。這兩種情況都讓人不好受。

第二個問題是：「我寧可感受到愛意，還是要言之有理？」這不是道陷阱題，因為在那當下，你很可能寧願據理力爭。假如是這樣，我會建議你不要說任何話，直到不再覺得非這樣做不可為止。假如你開口說話，幾乎一定會演變成激烈爭吵。當然，有時候堅持自己正確、把自己的想法講出來並沒有錯，我有時候也會這樣，但每次這樣做的時候，我就一定得承受不愉快的結果。

假如你實在太火大，無法不堅持自己一定是對的，而且也不願默默賭氣，你還有幾個選項。

首先，你可以像小孩子一樣發脾氣。我是說真的。小孩子不高興的時候會拍地板、大吼大叫，鬧脾氣幾分鐘之後就沒事了，等到怒氣全部發洩完畢，他們就會恢復正常情緒。大人也可以達到相同的效果：走進另一個房間，花個幾分鐘怒打床上的枕頭，在安全的環境裡發洩怒氣的感覺很好。等你發洩完了，就會回到放鬆的狀態，有辦法用適當的方式和伴侶溝通。假如這樣洩憤不是你的風格，第五章會再提出兩個方法讓你有效面對憤怒、自以為是和不滿的情緒。

還有一件事情你必須避免，偏偏這是大多數伴侶之間會做的事：他們會直接向對方表達憤怒和指責。沒錯，一百個人裡也許有一個人不介意別人對他大吼大叫，但絕大多數的人一點都不喜歡。這樣做幾乎一定會讓人感到忿恨、豎起防衛、感到受傷，讓問題變得更嚴重，也讓壞情緒一直累積，造成日後更大的問題。我遇過一些伴侶，兩人不斷在回應對方的怒氣，再設法從中恢復，整個關係一直這樣循環。

他們的關係有如電影《三個臭皮匠》，大半時間只想讓另一半感到痛苦，因為這樣才能報復對方。這種狀況看了讓人難過，而且絕對要避免。

在動怒前，先找出欣賞伴侶哪一點

假如你在狀況失控之前對自己問前兩個問題，就能在指責心態還沒擴大之前就壓抑下來。如果你的怒氣沒有強到必須鬧脾氣發洩，而且你覺得感受愛意比據理力爭更重要，就能問自己第三個問題：「我特別喜歡伴侶的哪一點？」為什麼要問這個問題呢？因為你能不能有效地和伴侶溝通，取決於你對她的感覺。就算你說出來的話都正確無誤，只要在隱約間想責怪她，她的「指責偵測器」就會響起（這個東西異常靈敏），耳朵也聽不見你的話。反過來說，只要你稍微透露出一點關愛，即使你說的話不對，她也會感受到你的愛。如果想要找回和伴侶之間的連結，最簡單的方法就是問自己：「我特別喜歡伴侶的哪一點？」

舉例來說，我和伴侶海蓮娜最近出席了一場商務會議，我在會議中擔任主講人。海蓮娜經常會遲到，所以我多次提醒她我們必須什麼時候出發。但我的提醒沒有用，時間到的時候她還沒準備好，我覺得很不高興。等到我們出發時，整段路程變得很匆忙，我因而感到心煩，最重要的是我想的完全沒錯！我告訴她我有多麼不高興，但這樣只會觸發她的指責偵測器，讓她變得有防禦心，這又讓我覺得更煩。此時我想到了這三個問題。

以下列出這三個問題和我的答案，可以更清楚看到這個方法是怎麼運作的：

一、假如我堅持自己正確（也就是責怪伴侶），可能會發生什麼事？

↓我們一路上可能都會覺得尷尬和沉默，我會一直覺得心煩又無助。因為她的關係（我還在責備模式裡），我的演講可能會很糟糕，這一整晚也會覺得不愉快。

二、我寧可感受到愛意，還是要言之有理？

↓我寧可據理力爭，畢竟我真的是對的。可是，如果我這樣做一定會不好受，演講很可能也會因此表現不好。我應該至少設法回到有愛的狀態，這樣對雙方都好。

三、**我特別喜歡伴侶的哪一點？**

↓我一定可以想到某個我喜歡的特點。每次我需要她按摩肩膀的時候，她都會幫我按摩，我想我應該喜歡她這樣。她心情好的時候會笑，我也喜歡她的笑容；當我整天外出返家後，她看到我會非常高興，我當然也喜歡她這樣。（為了讓效果更強，我在腦海中想像以上每一個畫面。）

想到這裡，我覺得內心開始有愛流動。我一邊開車，一邊把右手伸過去，將一根手指頭放在她的手上，她也伸出一根手指頭，兩人的手指就這樣交纏在一起。大約過了一分鐘左右，我們都渴望回歸愛情。我們不約而同地緊緊握住對方的手，露出笑容，怒氣也隨之消失了。我們的眼神溫柔地交會，輕聲笑了一下。海蓮娜為她拖時間而道歉，我為我情緒不滿道歉。我一邊開車，一邊重新墜入愛河，彷彿又回到新婚時期。這場會議過得非常愉快，我的演講也很順利。

假如你的伴侶做出讓你不滿的事，這個時候你很難去思考喜歡他哪一點。因此，下次在對他動怒之前，可以先列出幾項你真正欣賞他的特點：回想一下，你的另一半什麼時候做出讓你真正心動的事，下一次他真的闖禍的時候，就能想起他讓你欣賞的地方。當你回想起這些畫面的時候，情緒就會軟化，伴侶會注意到你的情緒變了，也會因此更坦然地回應你。

WILL WISE

我把這三個問題整理成一個容易記憶的口訣：WILL WISE。把不滿轉變成愛意需要意志（will），而這是一件明智之舉（wise）。這個口訣對應到這三個問題的幾個字母：

一、假如我堅持自己正確（也就是責怪伴侶），可能會發生什麼事（**W**hat **I**s **L**ikely to happen...）？

二、我寧可（**W**ould **I** **L**ike）感受到愛意（**L**ove），還是要言之有理？

三、我特別喜歡伴侶的哪一點（**W**hat **I**s **S**omething **I** **E**specially like...）？

前兩個問題都可以湊出ＷＩＬＬ這個字，第三個則是湊出ＷＩＳＥ。假如到了第二個問題時，你覺得自己寧可言之有理、據理力爭，我的建議是當下什麼話都不要說。在這個情況下，不管你說了什麼，伴侶都有可能用來對付你。這時你可以用下一章處理重大不滿情緒的方法，或者到另一個房間裡發洩情緒（揍枕頭）。等你發完脾氣後，可能會覺得不需要再堅持自己是對的，這時再問自己同一個問題，答案可能就會不一樣。如果答案變了，再進到第三個問題，讓你和伴侶有情感上的連結。

我在主持溝通技巧的座談會時，常常會有人問我：「假如伴侶確實是犯錯的一方呢？比方說，如果是先生酗酒，喝醉酒回到家就打老婆呢？」首先，現實生活中的情況通常沒有這麼黑白分明。即使在這樣的情況下，指責犯錯的一方看起來是合理的反應，但這樣做卻無法達到目標。

以此例而言，假如太太指責先生，他可能會變得更暴力或喝得更醉，但如果她先不責怪先生，保持自我內心平靜，就有可能用更和諧的方式處理這個問題。

她很有可能會覺得自己必須離開先生，或是打電話叫警察來保護她。但是，如果她在做這些事情的時候不指責對方，最後的結果很可能會比在火上添油更好。

我們很容易覺得自己是對的，犯錯的一定都是別人，由於這個傾向非常強烈，我們應該好好靜下來說服自己這件事：**責怪別人一點用都沒有**。

回想一下你以前責怪伴侶的時候：當你堅持認為自己必定正確時，對當下的情況有幫助嗎？還是只是讓伴侶更疏遠？你以前被伴侶責怪的時候呢？那樣會讓你覺得跟伴侶更親近、更願意和他合作嗎？這樣稍微回顧一下，就會發現指責對方一定會阻礙真正的親密關係。

反問自己同一個問題

第二種跳脫責備模式的方式，就是把問題顛倒過來，也就是專心想一下：當你卡在困境裡，你需要負多少責任？若完全確定是伴侶犯的錯，這樣捫心自問確實非常不容易，不過，我發現有一個簡單的問題總是可以幫我和個案突破「我沒錯，千錯萬錯都是伴侶的錯」的思維，這個問題就是：**「有沒有可能是我促成現在這個情況的？」**

我很喜歡這個問題。乍看之下看似無害，但它就像電腦病毒一樣，可以快速打亂腦中怪罪另一半的既有思維模式。當我對伴侶（或其他人）感到不滿時，我會先花點時間問自己這個簡單的問題，結果往往很奇妙。

某次我有點氣海蓮娜，因為她忘記到郵局幫我拿一個包裹。我當天有提醒她記得幫我拿（甚至還提醒了兩次！），她也答應了，但後來還是忘記去拿，於是我陷入自以為是的怒氣裡。但我知道這樣的情緒不會讓兩人的關係裡充滿愛，因此我問自己：「現在這樣的情況，是否有可能是我促成的？」

當我這樣自問時，常常會想到「我沒有做錯任何事」，然後有系統地細數所有原因，證明我完全沒錯，一切都是伴侶的錯。我已經知道自己的頭腦會這樣做，所以會想辦法不要太認真看待。等我內心發洩完了，會再問自己同一個問題。這次我會用假設的方法來自問：「我可能是用什麼方式造就出這個情況的？」不論是什麼情況，都會盡可能列出三種答案——即使我沒有真的相信這些是理由。

乍看之下，我想的答案通常很空泛，或者看似無關緊要，但等到我再多思考一下，就不會再那麼自以為是，也不再那麼堅信自己完全無辜。以上述例子來說，我會在頭腦裡這樣問自己：

現在的情況有沒有可能是我促成的？我需要找到三個答案。這恐怕不容易，畢竟我都提醒她兩次了。我還可以做什麼？等一下，這樣問不會有幫助。我的問題是：有沒有可能是我促成的？①我也許可以寫張紙條，放在她的車子裡——但那時我太匆忙了。②我那時大概沒有想到她今天需要做多少事情，而且我也沒問她今天有多忙。其實，③我最近好像也沒有太注意她有什麼需求，所以也許她有點不滿。假如我更關注她的需求，她也許會更在意我的需求。

等到我想出三個可能的原因後，腦子裡就完全沒有責備的情緒了。我不再感到憤怒和自以為是，而是感到理解與同情。有了這個基礎後，我們就有辦法誠懇地討論那天發生的事，以及未來可以怎麼避免類似的事情再發生。

「現在這樣的情況，是否有可能是我促成的？」這麼簡單的一個問題，就擁有改變關係的力量，它不僅能消除憤怒、自以為是等帶有破壞性的情緒，更能帶來啟發，幫助你們改善關係。當你注意到自己的行為會怎麼影響伴侶之後，就能著手改變一些沒有效果的做法了。

把伴侶拉到跟你同一邊

你現在學會兩個實用的方法來幫助自己克服責備的傾向，但是，假如伴侶開始責備你，該怎麼辦？如果你跟她說她那樣責備你是錯的，這樣不僅沒有用，而且也跟你叫她遵守的原則有所矛盾。正如第一章所述，當另一半責怪你的時候，最好的應對方式是認知她的感受——這樣不等於同意她說的話。光是承認她當下體會到的感受，就有可能改變你們互動的能量。記住，真正的目標是要把的伴侶拉回到跟你站在同一邊，只要有其中一人在責備另一方，你們就不會是站在同一邊的。

但是，一旦你們都在同一邊，並且有著相同的目標——想要被愛、被接納，親密感就會油然而生。在接下來的章節裡，我會再提出一些方法，讓你們在開始互相責備的時候可以回到同一邊。

放下責備的習慣並非易事，在這個過程中難免會犯錯，如果你發現伴侶開始變得有防禦心，或者沒有在聆聽你，這時就請你不要再說話，馬上拿這一章提到的問題來問自己，它可以幫助你改變對伴侶的感受，一旦你的感受變了，就會發現一件奇妙的事：**只要你不再堅持自己一定正確，他就會開始真正地「聽見」你**，如此一來，你們就能找回真正的親密感。

親密重點

一、若要有親密感，必須不再堅持自己一定正確，也不應指責伴侶。一旦我們責怪另一半，他的指責偵測器就會啟動，他也會因此聽不見我們所說的話。

二、自問以下三個問題來跳脫責備模式：假如我堅持自己正確（也就是責怪伴侶），可能會發生什麼事？我寧可感受到愛意，還是要言之有理？我特別喜歡伴侶的哪一點？

三、你也可以問這個問題來避免責怪伴侶：「現在這樣的情況，是否有可能是我促成的？」至少找出三個答案，幫助你跳出擾人、自以為是的心態。

實作練習

下次發覺你對伴侶有些不滿的時候，用這一章提到的四個問題來問問自己。試著不要單純用頭腦回答這些問題，而是去感受每個問題的答案。

當你在內心回答這些問題時，留意一下這樣做是否能幫你不去責怪伴侶、你的感受是否會改變、溝通的方式是否會更有愛。

如何永遠不再吵架？

注意看人發出的光芒，不要去看遮住光芒的燈罩。

——傑瑞．詹保斯基／「心態療癒」創始人

我們都知道吵架不是一種有效的溝通方式，那為什麼伴侶之間還是要吵架？我從很久以前就有這樣的想法：假如能找出伴侶吵架的真正原因，我就能製造出真正有效的解藥了。多年以來，我看了很多自稱是情侶的人用言語相殘，從中推得一套理論，說明了伴侶之間為什麼會吵架，而且要怎麼永遠避免吵架。我找到的方法真的有效，而且效果之強，假如你遵照本章的方式去做，你們很可能永遠不會再吵架。

在我們談論怎麼避免一切爭吵之前，得先了解為什麼會吵架。當其中一人或雙方的自尊帳戶「存款」掉到某個水準以下，爭吵就會發生。

導致自尊「存款」暫時降低的原因很多，可能是今天過得不順、有人講了尖酸刻薄的話，或者單純心情不好。當一個人覺得不高興，她首先會想找個可以怪罪的對象，假如她心情不好的時候你正好在身邊，你很容易就會變成她的箭靶；如果她心情不好，你又火上加油，她當然會覺得你更欠罵。

俗話說：「吵架得有兩個人。」此話一點都不假。當我們心情不好時，就會想辦法增加自尊存款，只是我們採用的方法完全無效。一般來說，我們會設法把伴侶的自尊水準拉低到跟自己一樣，這樣跟她相比之下，我們自身的自尊水準沒有比她低，我們就會誤以為把對方拉低，自己就會提高，因此當我們心情不好，似乎就會特別想找人吵架。壞情緒總是想找伴，一旦情緒或自尊低於某個水準，這種幼稚的心態就會掌控我們，毫無防備的另一半幾乎一定會被牽扯進來。

爭執開始之後，我們還會犯另一個錯誤：我們會誤以為只要能證明自己是對的，伴侶是錯的，心情就會變比較好。這種心態背後的思維大概是：如果我是對的，他是錯的，我就會得到寶貴又迫切急需的自尊存款。但真實的情況當然不是這樣：我們攻擊伴侶的時候，他也會反擊。我們會像受傷的動物掙扎求生，變得充滿惡意；我們會故意講傷害對方的話，只因為我們以為對方受傷之後，自己就會占上風，如此一來，場面可能會變得非常難看。

誠實表達自己的感受，並不是終結一切爭吵的特效藥

多年以來，我訓練伴侶用不帶責備的方式，委婉表達各自的需求。當雙方在我的診間裡遵循我的指引時，這個方式相當有用，但是許多人也反應，回家後使用相同的方法效果並不好。當他們心情不好的時候，他們表達的方式總是會先怪對方讓自己心情不好。

我後來總算理解為什麼誠實溝通沒有用：如果要誠實溝通，我們必須冷靜、講理，但在心情惡劣或激烈吵架時，我們會暫時抓狂！我們會變得像任性的嬰兒一樣，而嬰兒通常不太能言善道。我後來總算認清，誠實地表達自己的需求和感受，並不是終結一切爭吵的特效藥。

我觀察到，當人們吵架的時候，就會變成任性的嬰兒，於是我問自己：「要

怎麼讓任性的嬰兒心情變好？」答案很明顯：**嬰兒喜歡被抱**。只要父母輕輕抱住自己的孩子，他的心情很快就會變好，沒多久就會開心地笑起來。我開始思考成年人能不能用類似的方法？在諸多嘗試之後，我找到一個效果比預期中還要好的做法，我稱之為「**後抱法**」。

簡單易操作的「後抱法」

後抱法非常容易，當心情惡劣的時候，通常無法做太複雜的事，不過後抱法只有兩個步驟。

首先，一旦兩人出現摩擦的徵兆，就和你的伴侶用側臥後抱的方式躺下來。許多伴侶會這樣一起入睡：其中一方從背後抱住另一方。假如兩人這時無法躺下來，也可以站著從背後抱。當你感到不滿的時候，你很可能完全不想這樣抱住伴侶，但還是請你強迫自己這樣做。有時候我內心會這樣想：我可以後抱四分鐘，然後恢復好心情，或者我也可以保持惡劣的心情，毀掉這一整天。當我看到自己只有這兩個選項時，我會選擇後抱伴侶。

接下來，兩人維持後抱姿勢一起呼吸。通常由體型高大的一方配合嬌小的一方比較好：體型嬌小的一方吸氣時，另一個人也跟著吸氣，然後一起吐氣。兩人一起抱著呼吸至少四分鐘，在這段時間裡完全不要說話。假如你開始分心，請馬上把注意力拉回來，專注和伴侶一起呼吸。

不論你們一開始的情緒有多麼不滿，只要這樣做，很快就會平靜下來。「後抱」加「一起呼吸」可以迅速讓雙方回到相同的頻率上。用這種方式共享能量，可以產生非常深刻的安全感和連結感。你們的頭腦裡也許波濤洶湧，但你們的身心無法不相連。經過四、五分鐘後，你們甚至有可能忘了當初是什麼讓彼此不滿。無論如何，你們至少會覺得連結更緊密、安全感更強，也更能在不互相傷害的情況下一起處理問題。

用後抱法重生連結感和安全感

當初我和海蓮娜使用這個方法的時候，我的心情極其惡劣，因為我知道自己絕對是對的，是她完全不講理（每次的感覺都是這樣，不是嗎？）。在此之前，我們有一個約定：只要其中一方要求用後抱法，另一方不管想不想，都必須配合。我那時完全不想要後抱，因為我正準備讓她看看自己錯得有多離譜！不過，根據我們的約定，只要一方提出要求，另一方沒有在兩分鐘內配合，他就必須撕掉一張十美元的紙鈔。光想到要撕掉紙鈔，我的頭腦就清醒了，所以我不情不願地跟她一起進行後抱法。我原本決心在規定的四分鐘裡一直保持惡劣的情緒，結束之後我還是可以繼續讓她知道自己錯得多麼離譜，但最後並沒有這樣。以下是我進行後抱法時的思緒紀錄：

我真不敢相信她現在要逼我這樣做。這樣也太機車了吧！她之所以不想聽我說話，就是因為知道我是對的。

（我們一起呼吸。）

我才不要這樣放過她。抱完後，我一定要讓她知道自己這樣有多麼不公平。

（我們一起呼吸。）

好吧，也許有一部分是我的錯，但大部分是她的錯，畢竟是她先開始的。

（我們一起呼吸。）

也許她沒有要傷害我的意思……。
（我們一起呼吸。）
我可能也不太體貼。
（我們一起呼吸。）
說實在，這也沒什麼大不了。
（我們一起呼吸。）
嗯，我好喜歡抱她的感覺。
（我們一起呼吸。）
我們共享的關係真的很特別。我好慶幸這不是什麼嚴重的問題。
（我們一起呼吸。）

四分鐘到了。海蓮娜問我：「你本來是不是有什麼話想跟我說？」我回答：「呃，我好像忘了我們為什麼會不高興。我現在心情變好了，其他都不重要了。」當時的感覺真的是這樣。只要你們用後抱法重生連結感和安全感，爭吵就沒有必要了，兩人會覺得又在同一國裡。假如還有問題需要化解，現在也會變得更容易了。短短幾分鐘前兩人還覺得十分嚴重的事，現在已經變得無關緊要了。

後抱法的成功關鍵

若要讓後抱法有效，我發現有幾件事情需要注意。首先，要先和伴侶約定好，只要其中一方提出後抱的要求，另一方必須馬上配合，這個約定需要非常明確，最好是寫下來的成文約定。

當你心情不好的時候，你第一個想做的事情不會是跟伴侶一起抱著，所以你們的約定裡可能要安排一條罰則。我和海蓮娜約定好，假如其中一方在兩分鐘內不肯配合，就必須撕掉一張十美元的紙鈔，六年下來，我們只有撕過一次。在我認識的人裡，有些是和伴侶約定，拒絕配合的一方必須買一份特別的禮物送給對方。不管怎麼約定都可以，只要能督促兩人遵守承諾即可。

一旦開始進行後抱法，兩人都不可以說話。假如可行的話，找個可以躺下來的地方，不然站著後抱也可以。這個方法的成功關鍵是一**起呼吸**，當你們一起呼吸的時候，盡可能專注在呼吸上，感受每次的吸氣和吐氣，把呼吸當做是一種靜心。當你專注讓自己呼吸的節奏與伴侶同步時，會覺得更平靜、安全，也更有連結感，並維持後抱四到五分鐘。

後抱法結束後，你們可以選擇忘掉當初讓彼此不滿的原因，繼續做自己的事；假如有需要，也可以和伴侶一起討論。如果有什麼事情需要解決，你們現在的狀態會比之前更適合處理。這本書接下來會提到各種處理問題的方法，供你們靈活運用。

不必等到生氣時才使用後抱法，事實上，你們隨時都可以用這個方法促進彼此之間的連結。許多伴侶發現這是一個放鬆的好方法，可以輕易化解一整天的壓力。兩人在做愛之前，也可以用這個方法讓彼此更加有連結感。

這個方法的困難之處，是需要你記得使用。注意觀察自己和伴侶，留意你們其中一方或兩人什麼時候開始有不滿或焦躁的跡象。如果想要在火氣一上來的時候就成功使用後抱法，兩人最好在不生氣的時候先練習一次。你可以請伴侶閱讀這一章，並且約定好使用這個方法，就等同於準備好避免下次起爭執的時刻了。只要使用一次，就會發現它的效果有多好，你們一定會上癮。

「還有呢？」避免爭吵法

我還發現有另一個方法可以避免爭吵，我稱之為「還有呢？」法。這個方法和後抱法一樣，就是因為簡單才那麼有效，幾乎不會錯誤使用。當你們心情不好的時候，假如有其中一方不想被觸摸，但非常想要講話，這個方法特別有用。

「還有呢？」的作用，是讓你講話的時候不必擔心被打斷。你在講話的時候，伴侶只能講「還有呢？」，不可以用其他的話來回應，而你必須用言語探索、表達自己內心的所有感受。假如你講到一半停下來，伴侶會說「還有呢？」來鼓勵你繼續。等到你覺得想講的話都講完了，要說：「我說完了。」此時，如果伴侶有需求，她可以要求換她說、你負責聆聽。以下是珍妮和喬進行這個方法的紀錄：

珍妮：「我們能不能來一下『還有呢』？」

喬：「好。」

珍妮：「我覺得你好像不再珍惜我做的任何事情，我一直在滿足你所有需求，我覺得好煩！你好像把我當成女傭。」

喬：「還有呢？」

珍妮：「你要我洗碗、洗衣服、照顧孩子，但連一個「謝謝」都不說，可是只要我問你能不能做點事，你就會給我臉色看。這樣我何必問呢？根本不值得花力氣問。」

喬：「還有呢？」

珍妮：「我好累，真的好累。我需要知道你有在珍惜我。我想要覺得自己很特別，我希望你在乎我，比起對棒球比賽更在乎。我想再次感覺到我跟你很貼近。」

喬：「還有呢？」

珍妮：「我想要你多抱抱我。我需要有人抱，還記得以前你會抱著我，說一些好笑的事嗎？我好懷念以前跟你一起這樣的時候，我想跟你再一起分享特別的時刻。我不想一直嘮叨或責怪你，只想要互相關心對方一些。我知道自己最近對你有些不滿，我想我只是需要知道你還在乎我。」

喬：「還有呢？」

珍妮：「我說完了。」

珍妮一開始在指責喬，但當她有辦法探索自己的內心時，她的情緒軟化了。她漸漸理解自己真正需要的是什麼，也認知到他們當下的狀況有一部分跟自己有關。假如喬直接反駁珍妮說的每一句話，他們一定會吵起來，但喬只有溫和地問「還有呢？」，珍妮因此有安全的空間，可以走出指責的情緒。

在合氣道裡，修習者會學習不去抵抗攻擊的能量。合氣道大師不會打敗攻擊的人，而是設法讓對手無法有效攻擊。「還有呢？」背後的道理也是如此：你不是抵抗另一半的感受和想法，而是讓他無法再對你保有敵意。如此一來，他就能踏出怒氣，更深入探究為什麼會不愉快。憤怒和指責像是一顆洋蔥的表皮，剝掉之後才會發現下面還有許多層不同的情緒，只要你給伴侶一個安全的環境，就能讓他好好探索憤怒底下還有什麼情緒。

「還有呢？」法還有另一個好處：**聆聽的一方可以真正傾聽對方說的話**。在一般的情況下，當伴侶在講話時，你可能會開始練習要怎麼反駁他的指責。但在這個方法裡，你除了講「還有呢？」之外，其他都不准說，這樣你想要反駁的動力就會降低。你越認真傾聽，他越能感覺到你接受他，這樣他就有安全感踏出指責和防衛的心態。

「還有呢？」跟「後抱法」一樣，你和伴侶要事先約定什麼時候使用這個方法。我給個案的建議是，當其中一方提出要求後，兩人必須在五分鐘以內開始使用這個方法（除非其中一方已有其他預定行程），等其中一方講完想講的話，如果另一方想要，她也可以要求換她說話。

使用這個方法時，如果你們想要討論當中提到的內容，最好過幾個小時後再討論，這樣才能避免被負面情緒激起的反應。如果你覺得你需要回應伴侶所說的話，請等到內心比較冷靜的時候再回應。相信我，假如你試圖澄清他所說的話，或是立刻設法反駁，很可能會吵起來。

你想問問題或是想澄清的立意雖然良好，但還是很有可能會引起爭執，而這個方法之所以有效，就是因為你無法馬上回應，所以請不要改變規則。我建議你至少過一個小時以後，再去回應另一半在此期間所說的話。

當雙方都在講話（或吼叫）但都沒有在聆聽，這樣就是吵架，也是溝通完全失效的徵兆。在這種火氣上來的時候，雙方容易講出許多傷人的話，這樣會破壞兩人之間的信任。只要你和伴侶約定好使用這章提到的方法，我相信你們的關係會有正面的變化。當兩人擺脫想要爭吵的傾向，就有辦法迎接更深層的信任、安全感和愛。

「還有呢？」法跟「後抱法」一樣，任何時候都可以用，不必等到你們其中一方感到不滿。有些人會把這個當作一種儀式，下班之後和伴侶用這個方法放鬆。有人專注聆聽你是一件很療癒的事：在短短幾分鐘以內，你可以放下過往的情緒，感覺煥然一新。等到你們用了「還有呢？」幾次之後，不妨換成自己的用語來幫助另一半探索思緒和感受。打個比方，你們可以換成：「跟我多說說你對這個狀況的看法。」多多嘗試這些溝通方法，它們會如同階梯，帶領你們走向層級更高的愛意。

親密重點

一、爭吵通常始於一方或雙方自尊心暫時低落，此時會想藉由責怪伴侶來提升自己的自尊，但這種做法不會有用，因爲人在這種情況下無法討論事情。

二、假如你感到不悅或焦躁，用「後抱法」抱住伴侶，一起呼吸四到五分鐘，可以幫助你平靜下來，並跟伴侶約定好，下次有人感到不滿的時候，就使用這個方法。如果你們想要更親近但不想講話，「後抱法」也是一種讓你們放鬆、加強連結的好方法。

三、伴侶感到不悅時，你可以在她說話停頓的時候輕聲問她「還有呢？」，鼓勵她宣洩怨氣。當她不必擔心被打斷或被反駁時，通常就會平靜、安穩下來。

實作練習

下次你和伴侶互相有怨氣時，馬上請他和你一起用「後抱法」，看看四、五分鐘之後你們的感受有什麼不同，也可以用「還有呢？」法。

現在就和你的伴侶約定好，只要下次有人提出來，就使用其中一個方法，你們還可以訂定罰則，假如有人提出要求，另一方沒有馬上配合就要受到處罰。把這個約定寫下來會更好。

「我覺得／我想要」的魔法

在表象的隔閡之外，我們共有同一顆愛之心。

——瓊恩．波利森科／美國心理學家

若想找回親密的感受，方法幾乎和英文字 intimacy（親密關係）的讀音一樣：in me to see（往我裡面看）。當我們允許自己在伴侶面前脆弱，坦誠表達自己的感受與渴望，我們會體會到更強烈的親密感；反之，當我們隱藏自己的真實感受和欲望、對伴侶苛責或說教，親密感就會消失。

我長期觀察伴侶之間的溝通，從中發現了一件事：當我要他們用「柔和、脆弱的方式溝通」時，他們完全不明白我的意思，彷彿這是一種從來沒接觸過的外語。所以，我會教另一種方法，讓人有辦法開口說這種奇特的「方言」，我稱之為**「我覺得／我想要」**。

這個方法相當單純，就只是提醒人**講出自己有什麼感受**、**想要什麼**。一旦講出這兩件事，就會讓伴侶看見我們在任何時刻下的真實樣貌。

這種程度的親密可能會讓人害怕，在嘗試這樣的事情之前，你和伴侶之間最好已經先透過前面幾章的各種方法，建立起一定程度的信任感。

不觸動指責偵測器

瑪西亞和大衛在我的診間裡試著採用「我覺得／我想要」，但覺得相當困難。我要大衛描述，當他和瑪西亞吵架、她用力甩門時，他有什麼感受。他說：「我覺得她有問題，希望她不要再那樣發火。」我回他：「那你自己有什麼感受呢？」大衛想了一下才說：「我感到憤怒，因為是她有問題。」這句話稍微好一些，但隱約帶有責怪之意。

我發現，即使只是一點點責難，都會讓伴侶間無法聆聽彼此。一旦你觸動對方的警報，不管你說什麼，她都聽不進去——事實上，越是想要她聽你說話，她築起的牆就會越高。

我一再看到隱約帶有責怪之意的言詞，可以輕易「滑」進「我覺得／我想要」的框架裡，於是我把這個做法弄得更精確、架構更完整。我會請伴侶問試著回答以下句子：

一、**當你＿＿＿時**（簡單描述情境），**我會覺得＿＿＿**（悲傷、受傷、害怕、不耐煩），**因為我＿＿＿**（說明你有什麼樣的心理需求，導致你有這種感受）。

二、**我想要的是＿＿＿**。（詳細描述你想要伴侶採取什麼樣的行動）

當你向伴侶描述自己的感受時，建議你只用上述的四種情緒之一：悲傷、受傷、害怕、不耐煩。

可是，當你覺得挫折、憤怒或被擊垮時，要怎麼辦？我還是建議你，將這些感受轉換成上述四種情緒之一。為什麼？因為當伴侶聽到「憤怒」、「挫折」、

「被擊垮」一類的字眼時，他的指責偵測器通常會被觸發，一旦如此，他就不會想再聽你說話，溝通就變得不可能了。

我發現，挫折感幾乎都可以用「不耐煩」來代替。同理，感到被擊垮可以替換成「受傷」，而一切的憤怒底下其實都是「受傷」、「害怕」或「又受傷又害怕」。只要說「悲傷」、「受傷」、「害怕」或「不耐煩」，就足以讓伴侶知道你的感受，同時又不會觸動他的指責偵測器！

當你表達感受之後，不要完全把這份感受怪罪到伴侶身上。假如你說：「我覺得受傷，因為你沒有覺察能力。」伴侶的警報器鐵定大響！所以，在表達你的感受之後，應該接著說**「因為我……」**，然後再說明這種情況會讓你難受，是因為哪個心理需求所致。

打個比方，你可能會說：「當你下班後回到家就直接打開電視，我覺得受傷，因為我需要你回家第一件事是先來抱我。」就算你的伴侶做了很糟糕的事，一樣先講跟你自己有關的事，不要去責怪她。這樣可以讓伴侶聽見你的痛楚，而不是立刻豎起防備，把你說的話完全擋掉。

轉譯你的指責話語

在後來的一次會談中，我得知大衛曾有婚外情。瑪西亞先是不假思索地說：「你竟然可以那麼冷血無情，我覺得太火大了！」大衛當然馬上變得有防衛心，接著是一陣爭吵和指責。後來，我教瑪西亞說：「我覺得非常受傷和害怕，因為我非常愛你，我好怕失去你。」大衛聽見了，眼中泛著淚水說：「我讓你受傷，真的好對不起你。我會在這裡是因為我愛你——這樣我們可以一起度過這一關。我不想要離開你。」接著，大衛和瑪西亞相擁，彷彿他們剛從火場中被救出來。

當你的伴侶變得有防禦之心，這只是代表你觸動了他的指責偵測器。當他帶有防備時，表示你應該試著再次溝通，但不要帶有指責之意。只要你越遵照我提出的架構來表達你的感受，這個方法就越有可能成功。這個工具之所以不容易使用，是因為責怪伴侶可以讓你馬上獲得滿足感，可是這個方法不會；反過來說，只要採用這個方法，你的目的最終會達成，但責怪對方不會。

以下列出的四項陳述，是我的一位個案對她的伴侶說的話，每一句話都導致她先生的警鈴大作。在每一條溝通失敗的陳述之後，我再補上我建議她對先生說的話。

大多數人不習慣用這麼精確的方式說話，因此我建議你用以下方式，練習和伴侶溝通。

首先，先把完全不加遮攔的指責寫下來。接著，用我描述的方式「翻譯」你寫出來的話。在接下來的幾個範例裡，請注意她原本的指責話語和轉譯後的溝通語句，兩者之間的能量有什麼差異：

- **「我在這份關係裡覺得完全孤立無援。」**

翻譯：「當你一整晚都不跟我說話時，我覺得非常受傷和悲傷，因為我需要知道你在乎我。」

- **「每次你弄得一團亂，都要我來收拾，真是受夠了。」**

翻譯：「當你把碗盤丟在水槽裡，我覺得受傷，因為我需要知道你尊重我。當你不洗碗，我會解讀成你不珍惜我。」

● **「你只在乎自己的性欲，卻從來不會想到我的需求。」**

翻譯：「每次你草率帶過前戲，我覺得受傷和不耐煩，因為我想要和你一起享受性愛的歡愉，但最近都不太有這樣的經驗。」

● **「我受過了你整天看足球比賽。」**

翻譯：「當你一直看足球比賽時，我覺得悲傷和害怕，因為我想要和你一起共享快樂冒險的時刻，但我覺得我比不上一場刺激的足球比賽。」

描述得越精確，伴侶就越容易滿足你的要求

等到你清楚表達感受後，下一步是表達你想要的事——但同時避免觸動極其敏感的指責偵測器。記住，他的自尊帳戶裡可能只有一點點「存款」，只要不小心說錯話，他馬上就會生氣或變得有防衛心。你必須小心翼翼，彷彿前面有個警報系統，只要稍微有一點閃失就會警鈴大響。

大多數人向另一半講出自己想要什麼的時候，通常會犯的錯誤是講得太空

泛。如果你說：「我想要你更體貼一些。」你的伴侶很可能會豎起防禦。因為這項陳述太過空泛，伴侶會認為這樣是從他的自尊帳戶裡提一大筆錢出來——他很可能覺得自己已經夠體貼了，但你講這句話表示他錯了。

你可以換成：「你回到家的時候，我想要你第一件事就是先抱我。」這樣的描述夠精確、可行，他可以明白知道你確切想要的事情。

以下的四個例子是一位個案對他太太提出的請求，但每一項陳述都讓她豎起防禦。在我訓練一下之後，他的陳述變得更精確了。下面同樣會列出「翻譯」後的話，讓你更明白要怎麼做。

● **「我想要你不要有事沒事就不高興。」**

翻譯：「當你想要對我大聲說話，或是對我發火的時候，我想要你到外面街上走一圈。」

● **「我想要在我們的愛情裡多一些熱情。」**

翻譯：「我最近讀了一本坦陀羅性愛的書，我想要在我們做愛的時候試一些書中提到的方法。」

●**「不要一直叫我帶你去一趟奢華旅行。」**

翻譯：「我想要你了解我為什麼會擔心家裡的財務，有了這項認知之後，我想請你一起幫忙規畫一趟符合家中預算的旅行。」

●**「我不想再跟你一起去派對，因為你一直在跟別人調情。」**

翻譯：「我們一起去派對的時候，我希望你只喝一杯，然後只有當我在你身邊的時候才跟佛列德講話。」

你的描述越精確，伴侶就越容易滿足你的要求，同時也更能避免觸動他的防禦，這樣對雙方都有利。

我們一般說話的方式可能會帶有指責意味，並且充斥各種空泛的講法。如果想要精確又不帶指責的語氣，你必須在頭腦裡先翻譯你的話——用紙筆翻譯更好。假如可行的話，我建議你把直覺想講的話先寫下來，再把這些話轉譯成「我覺得……，因為我……」和「我想要的是……」，在精確描述的同時，也確保不帶指責意味，這樣做必須多花力氣，但長久下來可以替你們省下很多爭吵的時間。

好處遠遠超乎想像的「我覺得／我想要」

即使是最嚴峻的情況也適用「我覺得／我想要」的方法，像是你的另一半對你不滿，而且他確實言之有理的時候。

不久前，我跟海蓮娜說，我替我們兩人報了一堂課，內容是教導怎麼使用辣椒。她非常喜歡下廚，所以聽到之後非常高興。不過，我沒跟她說這堂課其實是教導怎麼用辣椒噴霧防身，而且上課地點是槍械專賣店——但她非常討厭任何與暴力或槍械有關的事。

我們在市區碰面時，我發覺自己不曾跟她提這堂課真正的上課內容，她知道後一定會不高興。除此之外，我已經付了七十五美元的報名費，而且課程再過四分鐘就要開始了。在這四分鐘裡，我知道她一定會因為我沒有告訴她課堂內容而生氣，另外，我也知道她打死都不會想在賣槍的地方上課。我這時碰上大麻煩了，所以只好動用我的魔法武器：**「我覺得／我想要」**。

我們站在槍械專賣店門口，我跟她說：「親愛的，我現在覺得害怕，因為我想要你幫我一個大忙，但我很難詢問你的意願，因為你應該會對我不高興。我之前忘了跟你說，我報的那堂講『辣椒』的課，其實教的是怎麼用辣椒噴霧防身。我之前忘了跟你說，也沒跟你坦白講出真相，我覺得非常抱歉。我知道你不喜歡槍，也不願去想暴力的事，可是我非常愛你，所以我不想要你發生任何危險。我想要你幫我一個大忙——來上這堂課。我知道你不想做這件事，但這對我來說非常重要，以後你一個人出去長途健行時，我就比較不會那麼擔心。你願不願意替我做這件事呢？」

海蓮娜的臉色原本很難看，但當我告訴她我為什麼希望她上這堂課，她的表情變得柔和了。她像是被施了魔法一樣，馬上就原諒我並走進店裡上課。

幸好她有上這堂課，因為一週後，她一個人在森林裡健行時，突然有個裸體的男人朝她走來，她身上正好有辣椒噴霧，所以那名男子並沒有對她動手。假如正確使用「我覺得／我想要」，幫助可能遠遠超乎想像，而且再怎麼困難的溝通也能瞬間轉變。

「我覺得／我想要」聽起來不難，但需要花一點時間才能熟練。剛開始使用的時候，你可能會有幾次不小心觸動伴侶的指責偵測器；你很可能會說你感到「非常生氣」，或是提到另一個讓伴侶崩潰的情緒。

假如不小心犯了幾次錯，請不要太在意。如果伴侶也想跟你一起練習使用「我覺得／我想要」，請容許他犯錯，這就像是學習外語一樣，必須多花一點時間才能習慣。

好消息是，只要你們其中一方正確使用這個方法一次，就會馬上看到它多麼有效。雖然這個框架可能有些局限，我還是建議你依照我提出的架構，只使用前面列出的四種情緒，因為伴侶才更有可能真正聆聽你。

換個角度想一想，只用簡單幾個詞就能穩定創造出親密感，實在是一件很神奇的事。當然，所有的魔術師都知道，精通某項技藝沒有別的方法，唯有多練習而已。

親密重點

一、向你的伴侶表現你脆弱的一面，清楚表達你的感覺和需求，親密感就會產生。

二、爲了避免不小心語帶指責，請使用這個公式：「當你＿＿＿（簡單描述情境）時，我會覺得＿＿＿（悲傷、受傷、害怕、不耐煩），因爲我＿＿＿（說明你有什麼樣的心理需求，導致你有這種感受）。」

三、向伴侶表達你的需求時，你的描述越精確，她就越能滿足你，她的指責偵測器也更不容易被觸發。

實作練習

想一下，你們的關係裡是否有哪裡不太對勁，但你還沒跟伴侶提起過。

試著把這件事情放進這一章提到的兩個公式：「我覺得……，因爲我……」和「我想要的是……」。跟伴侶提起你的感覺和需求時，試著避免觸動他的指責偵測器，當你們溝通完後，也觀察一下自己的感受。

讓關係長久融洽之道

使人和睦的人有福了！因為他們必稱為神的兒子。

——《聖經．馬太福音》第五章第九節

我們的文化以前會有明確的規範，指引夫妻要怎麼面對各種挑戰——男人要負責賺錢養家、女人要負責看家和照顧小孩、離婚不是選項。但隨著時代不斷推進，各種傳統的伴侶關係規範都瓦解了，少了這些頑固的規範，我們變得更平等，有更多選擇的自由，但我們也得付出代價——安全感與和睦感似乎越來越罕見，有了各方事先同意的規範，我們會有明確的指示來處理各種棘手的狀況。但既然傳統的文化規範已經瓦解了，現代的伴侶如果想追求和睦的關係，必須學會怎麼自己商討和建立規範。

暢銷書《男人來自火星，女人來自金星》探討了男女的各種差異。作者約翰・葛瑞用非常清晰的語句說明男人和女人會用不同的方法來處理不悅的情緒、解決問題，以及在伴侶關係中得到滿足。

簡單來說，就正確的待人處世之道來看，他認為男人和女人分別有不同的規範和期望，不過，真相比這個再複雜一些。我從諮商的工作裡發現，現在越來越不可能說「所有女人」和「所有男人」都是同一個樣子。事實上，每一個人都有各自的規範，用以應對現代生活中的千萬種狀況。

《引爆潛能：喚醒你心中沉睡的巨人》的作者安東尼・羅賓將「規範」定義如下：一套信念或標準，讓人得以藉此獲取所需，進而實現某種感受或體驗。舉例來說，你需要怎樣的性生活頻率才會滿足？有些人只需要每個月行房一次，但有些人需要每天做愛兩次才夠，這樣的差異很大。問題在於，兩個人結合的時候，雙方各有千百種不同的期望，而且更糟糕的是，大多數的伴侶不會討論彼此的規範有什麼差異，因為大家都習慣假定別人的標準和自己一樣。假如我們能向另一半溝通自己的規範，並且知道對方對我們有哪些期望，就能讓伴侶關係長久和睦。

不管在什麼樣的親密關係裡，伴侶總有一天會違反你的許多規範。當別人踰越我們的規範時，我們就會不高興，事實上，**伴侶關係裡會有不悅的情緒，都是因為雙方對於怎樣才「適當」有不同的看法**。假如伴侶不尊重我們的規範，我們就會覺得受傷或被排擠；我們會覺得自己的標準才正確、對方的做法不正確，因此開始責怪對方。

我在做伴侶諮商時，會試著說明伴侶關係裡沒有全世界通用的標準。什麼才是正確的做愛頻率？每天一次？每週一次？還是每年一次？說到最後，都是看每個人的偏好。當伴侶間發現並沒有明文規範「正確」的做法時，他們就更能夠互相分享需求，而且不會因為過去的行為指責對方。

在第二章裡，我說明了要怎麼找到規則，讓伴侶感覺到你真正愛他。當時我提到，除非我們特定詢問對方，不然我們通常會認為適合自己的方法也同樣適合另一半，其他互動方式也是如此，每個人都有非常特定的看法來認定事情應該要是什麼樣子，而且我們不會把這些看法講出來。當你不高興時，你可能會覺得伴侶「應該」給你溫暖的擁抱、對你說些甜言蜜語，但你的伴侶有可能認為不滿的情緒要讓人單獨消化才對。假如雙方各自的規範有這麼明顯的差異，他們必須開誠布公才行，否則可能會互相把對方逼瘋。

以下我歸納了十二個要注意的層面，對大多數人而言，雙方如果在這些層面上有不同的規範，意見分歧的場面可能會很難看。「意見分歧」在這裡表示雙方各有各的規範，而且沒有找出兩人都覺得公平的解法。我稱這些為**「十二地雷」**，因為假如你不去討論，它們就會在你面前爆炸。

十二地雷（可能會因規範不同而會釀成大災難的事項）

一、金錢有關的事情要怎麼決定、錢由誰掌管。

二、做愛的頻率，以及其他與性愛相關的議題，像是避孕方式、女方如果懷孕要怎麼處理等等。

三、另一半不高興的時候要怎麼照顧。

四、怎麼讓另一半感受到你的情感和愛意。

五、怎麼管教孩子、父母雙方分別對孩子有哪些責任。
六、兩人的關係怎樣才能真正成功。
七、怎樣才算是有在聆聽另一半、需要聆聽到什麼樣的程度。
八、如果有難題或重大決定會影響到雙方，要怎麼處理才恰當。
九、兩人每天或每週要花多少時間單獨相處。
十、容許對方看電視／滑手機的時間有多久。
十一、容許對方的飲酒量／吸菸量有多少。
十二、用什麼方式請求對方替你做事才恰當。

如果雙方在以上十二件事的規範出現分歧，對兩人關係的影響通常最嚴重。如果你們能在這十二件事裡取得共識，關係應該會相當和諧。反過來說，如果你們在這些方面的規範相差甚遠，又無法達成共識，你們的關係就會一直緊張下去。在化解歧見之前，你們必須先熟知兩人在這十二個層面上分別有哪些規範。

要知道自己的規範並不難，只需要問你自己這個問題：**「如果是（自行帶入其中一項地雷），我需要哪些條件，或者需要發生什麼事，我才會覺得滿意？」**

以性愛方面的規範為例，你可以這樣問自己：「我需要哪些條件，或者需要發生什麼事，才會覺得我們做愛的次數讓我滿意？」這個問題的答案就是你的性愛標準。

如果你想知道怎樣才能讓兩人的關係成功（第六個地雷），你可以問：「我需要什麼條件，才會覺得我現在有一段成功的伴侶關係？」當然，有些問題的答案可能不只一個，你甚至可能會覺得需要十個條件全部都成立，才會覺得伴侶關係很成功。知道這些細節，並且讓伴侶也知道這些細節，是一件相當重要的事。

督促伴侶仔細回答十二地雷

有些伴侶在準備結婚的時候會來找我諮商，只為了確認他們沒有忽略什麼大問題。吉姆和賈妮絲就是因為這樣來找我，而且還因此躲過了一劫，不然他們的婚姻可能有如煉獄。

在這種諮商會談裡，我都會問雙方在這十二地雷裡分別有哪些規範。賈妮絲聽到吉姆的答案後，大叫：「你覺得每天喝六罐啤酒沒問題？」或是，吉姆大感不解：「你要我每週花五個晚上單獨陪你？」兩人一直這樣一來一往。

他們這時才認識兩個月，因此還在熱戀期，但他們的熱戀期在這一個小時內就結束了。他們決定暫緩結婚，花一個月試圖協調彼此的差異，但沒有結果，最後決定當朋友就好。他們最後雖然分手了，但我仍認為這是一個成功的案例。

在詢問另一半的十二地雷規範時，請告訴她，你想要在問題變得不可收拾之前先協調好兩人的差異，針對十二地雷逐一詢問：「如果是（自行帶入其中一項地雷），你需要哪些條件，或者需要發生什麼事，你才會覺得滿意？」盡可能督促她仔細回答。

每個人都會有非常詳細的規範，但有時候會因為擔心被別人笑，所以不敢說得太詳細。因此，你需要讓她感受到你信任、接納她，再溫柔地鼓勵她透露內心所需。為了打造讓她感到安全、不會馬上被評斷的空間，你也可以使用「還有呢？」法，或是先講出自己的答案，藉此鼓勵她分享。

還有一種簡單的方式是用以下的填空題來說明自己的規範：**「如果要讓我對滿意我們的關係感到滿意，你需要做某件事（或某件事需要發生）。」**以看電視的時間為例，你可以說：「如果要讓我對你看電視的時間感到滿意，你看電視的時間每週不能超過十小時、每晚不能超過兩小時。」你們可能會發現兩人在許多方面有不同的規範，但請不要擔心，如果真的差異甚大，請翻到第十章，我會在那裡提到一種協調歧見的方法，讓雙方都覺得彼此有愛又受到重視。不過，現在你們只需要認為可以安全地講出真話就好。

有時候，伴侶之間只有一個項目有歧見，但這就足以毀掉一切。

多年前我曾協助一對老夫妻，他們為了「正確」的打掃方式吵了幾十年，不斷想說服對方自己的方式才是「正確」的，但總是說不動對方。我讓他們理解規範其實不分對錯，他們有了這項認知之後，很快就達成新的共識來決定未來怎麼處理家務事。不久後他們跟我說，原本同樣的東西吵了幾十年，但現在兩人的關係已經截然不同了。

坦然討論雙方的地雷

我發現許多人非常不願意跟另一半講出自己的規範。我們也許寧可一直不承認，希望有一天我們什麼都不用做，事情就會像奇蹟一樣自行化解，或者，也許是我們不想承認每個人的願望和需求真的有所差別。無論如何，不分享自己的規範，有如踏進滿坑滿谷的地雷。

你不必一口氣把自己的標準全部詳細講出來，但如果你發現和伴侶之間不斷在同一件事上出問題，你們應該討論一下雙方在這方面各有哪些規範，請你好好聆聽另一半，不要指責他，也聆聽你自己的規範，並且問自己：「這樣的期望真的恰當嗎？」我們多半從父母那裡學到規範，因此你背負的標準和期望有可能早就對你不適用了。如果你碰到像這樣的情況，你需要有意識地訂定更適合你們關係的新標準。

以我為例，我曾有一條規範：「如果你愛我，就絕對不可能對我發脾氣。」當時我在描述我覺得另一半應該要怎麼處理不滿的情緒才算恰當，我發現我的規範是：「如果要我對伴侶處理壞情緒的方式感到滿意，她就絕對不能對我表現出怒氣。」連我都覺得這有點過頭了，畢竟天底下哪來一個從來不會表現怒氣的伴侶？我發現這個標準不合理，於是決定改成這樣：「如果你覺得不高興，你應該願意在開始感到不高興的兩小時內跟我討論。」以前海蓮娜對我生氣的時候，我也會抓狂，因為那時我的規範完全不允許憤怒。現在，只要她願意在幾個小時內跟我談談，我就不會不高興。

當伴侶間坦然討論雙方的規範時，對彼此的責備就會大幅減少。因為這樣的分享能讓兩人更理解彼此，而理解又是責備的特效藥之一。你們互相分享完規範之後，可能會覺得比之前更糟，因為你發現了許多潛藏問題的地方。但是，只要是能坦白提出的規範，就能透過協調和妥協來解決（見第十章）。

兩人之間會不斷出現問題，都是由潛藏的期望與標準所致。一旦你們學會分享彼此的規範，協調出雙方都能接受的方法，你們就能感受更深層的信任、愛意和安全感。

♥ 親密重點

一、你必須要有特定的事情發生，才會有某種特定的感受：這樣的信念叫做「規範」。如果你和伴侶的規範不一樣，問題就會發生，直到你們達到雙方都滿意的共識爲止。

二、若要講出你自己的規範，或是詢問另一半的規範，請使用以下的問句：「需要哪些條件，或者需要發生什麼事，才會讓我（你）在（某一方面）覺得滿意？」

三、假如你和伴侶之間一直在某一方面出現問題或感到壓力，就要設法找出你們在這一方面分別有哪些需求。在「十二地雷」裡，除非兩人協調出解決方案，否則規範的落差可能會導致嚴重的問題。

♥ 實作練習

在你們的關係當中，有哪裡會不斷出現問題？

假如一下子想不到，請看看「十二地雷」，挑一個曾經困擾你們的項目，然後用上述「親密重點」第二項的提問，找出你和伴侶在這方面分別有什麼期望，回答得越具體越好。

第三部

化解問題
但不傷自尊

如何讓另一半真心地聆聽你？

說到頭來，有多少人說相同的語言時，是真的在說相同的語言？

——羅素．霍本／美國作家

我希望有一天會有一對伴侶跟我說：「喬納森啊，我們真的會互相聆聽，對彼此也非常理解。所以我們才會來找你，因為我們打算離婚。」這種情況我至今還沒碰過。我在診間裡最常聽到的怨言是：「我的另一半沒有真的聽見我所說的。」每個人都渴望自己被聽見、被理解，這樣才會覺得自己被認知、賞識、接受。但是，大多數人會歸咎另一半不肯聆聽，而不是覺得自己的表達能力不佳。

不管你覺得伴侶有多麼耳背，你一定可以找到適合的說話方式，確保他一定能理解你說的話。

我們接下來會探討要怎麼讓伴侶理解你和你的感受，但在此之前，我們先看看要怎麼「讓他聽不到你」。

如果你是一位科學家，想要把伴侶訓練成聽話只會聽一半，以下這種訓練方式的效果最好：首先，你先講一堆無關緊要的東西去煩他，他沒有回應的話，就再重複剛剛講的話，只是每重複一次，就講得比上一次更大聲。如此一來，不管你講得有多大聲，他都會以為你講的話都不重要。他這樣的舉止也讓你對他越來越不滿，但從他的觀點來看，這正好印證了你嘴裡不可能吐出象牙，所以把你的聲音關掉也沒什麼不對。

不幸的是，上述的「訓練法」正好就是許多伴侶之間會發生的事；幸運的是，這種情況有解決方法。等到你開始練習以下的說話方法，會發現伴侶的聆聽能力好像突飛猛進了。

讓你講話更容易被人理解的第一招，是學習用**比喻法**。

比喻的魔法

「比喻」指的是**用簡單的字句，把我們已經熟悉的事物連結到另一種經驗或狀況，讓我們更容易理解**。比方說，如果有人說：「我的伴侶關係有如戰場。」我們馬上就能知道他們的關係是什麼樣子，而且畫面十分生動。向伴侶講述你的經驗時，使用比喻法可以幫助他在理智和情感層面上都更理解你。

榮恩來找我諮商，是因為他覺得都沒有人要理他，連他太太瑪格麗特也是。我聽他抱怨了十分鐘後，發現我也開始覺得無趣，想把他的聲音關掉；他埋怨沒人把他當一回事，但語氣單調，我實在忍不住打了一個呵欠。這個時機實在不太好，所以我決定要教他怎麼使用比喻的魔法。

首先我問他：「你想要太太理解你什麼？」過了十分鐘，他還是沒給我答案——而且我打呵欠的時間比我聆聽他的時間還多。所以我換了一個問題：「請用一句話跟我說，你想要太太理解你什麼？」他想了一下才說：「我想要她理解她的批評很傷人，而我需要她鼓勵我。」我總算鬆了一口氣，跟他說：「很好！請你現在這樣做。回想一下，在你太太的一生當中，曾在什麼時候受過創傷？可能是被人批評，或被人拒絕。然後再想一想，她什麼時候獲得正面回應，對她的影響很大？可能是她工作升遷、有人幫她舉辦一場驚喜派對，或是她收到一份很棒的禮物。」

榮恩想了一分鐘後才找到答案。

他說，瑪格麗特的前夫保羅因為另一個女人離開她，當他踏出家門的時候跟她說：「我覺得你不可能再愛上別的男人。」這一句話讓她非常受傷，過了許多年以後，她還是會想到前夫離別前的這句話。至於正面的事，榮恩想到有一次他幫瑪格麗特買了一份她預料之外的禮物，她明顯開心了好幾週。有了這些資訊以後，我建議榮恩這樣和他太太說：

「親愛的，你批評我的時候，我的感覺就像當時保羅離開你的時候對你說的話，讓我覺得很受傷、無助，我需要你多給我一些鼓勵。其實，當你讚美我的時候，我的感覺就像當時我買那條項鍊給你、你那麼喜歡一樣，這樣我會有動力想要成功。你的讚美就像那條項鍊，會讓我覺得自豪、有信心。」

榮恩對太太這樣說了之後，她的反應讓他非常驚訝。

瑪格麗特聽到她帶給榮恩的傷害那麼大，眼眶就泛起淚水，馬上鼓勵他，甚至還幫他買了一套他一直很想要的西裝。榮恩改變了講話方式後，成效出奇地好，他甚至以為我偷偷打電話給他太太、教她要怎麼回應！但他繼續對生命中的其他人施展「比喻的魔法」後，就發現我確實沒有偷偷幫他的忙。

如果你想練習這個方法，以下列出幾個簡單的步驟幫你創造比喻，進而讓別人更容易聆聽和理解你：

一、想一下你現在的感受是什麼。（最常見的負面感受是憤怒、受傷、悲傷、恐懼、愧疚和挫折。）

二、問自己：「我的伴侶什麼時候有過跟我現在相同的感受，而且感受的強度也差不多？」

三、列出幾個選項，挑一個最適合的。

四、對你的伴侶說：「當我＿＿＿＿＿＿（簡單描述你現在的情況）時，感覺就像你——————（簡單描述讓他有相同感受的過往經驗）的時候一樣。」

當然，盡可能把我的公式用你的話來說，有必要的話，在對伴侶說話之前，可以先把你想說的話用紙筆寫下來。

讓伴侶知道你有什麼需求

上面的公式可以幫你創造比喻，讓你的伴侶更了解你的感受。不過，如果你想要對方完全理解你，他也得知道你想要什麼。

以下四個步驟可以幫你創造另一個比喻，讓伴侶知道你有什麼需求：

一、用一句話具體描述你想要伴侶做什麼事。

二、問自己：「我的伴侶什麼時候想要過類似的事，而且想要的程度跟我現在差不多？」或者問：「我的伴侶什麼時候得到類似的事物，而且受到的影響跟我現在差不多？」

三、列出幾個選項，挑一個最適合的。

四、對你的伴侶說：「當你＿＿＿＿＿＿（描述你想要他做的具體事情）時，我的感覺就像你＿＿＿＿＿＿（描述讓你伴侶感受同樣強烈的過往經驗）一樣。我希望你更常這樣，因為這會給我正面的感受。」

通用的比喻

如果你和現在的伴侶交往沒有很久，你對他過去的事可能還了解得不夠多，沒辦法拿他的經驗來創造比喻——在這種情況下，你可以改用**通用的比喻**，也就是幾乎所有人都能理解的用語。

前面用戰場來比喻伴侶關係就是一個好例子：你不必真的上過戰場，也能理解這種關係的動態是什麼樣子。你可以創造比喻來描述幾乎所有的感受和體驗，或幾乎所有你想要的需求。做法很簡單，只需要拿一件事去比擬另一件事。

以下列出十二種可能有幫助的比喻方式，但你當然可以依照個人需求去建構屬於自己的比喻法。

●表達負面情緒的比喻：

一、當你做（某件事）時，我的感覺就像是小孩子被媽媽拋棄，不知道她會不會回來一樣。

二、當你做（某件事）時，我覺得彷彿有人在家裡牆上用噴漆寫了一堆髒話一樣。

三、當你說（某些話）時，我覺得好像胯下被人踹了一腳。

四、當你做（某任事）時，我覺得像個嬰兒，被酗酒的父母吼了一頓又被打了一樣。

五、當（某件事）發生時，我覺得好像有個瘋子拿槍對準我的頭，我不知道他會不會按下扳機。

六、當你做（某件事）時，我覺得我好像全身赤裸參加一場正式晚宴一樣。

●表達正面情緒的比喻：

一、當你對我說（某些話）時，我的感覺就像是發票中了一千萬一樣。

二、當你做（某件事）時，彷彿有天使抱著我，對我唱歌。

三、當你做（某件事）時，就好像所有關愛我的人都聚在一起，偷偷幫我準備一場生日派對一樣。

四、當（某件事）發生時，我覺得就像當初我們見到孩子第一面的時候一樣。

五、當你按摩我的肩膀時，我覺得原本像是有輛遊覽車壓在身上的感覺突然消失，我瞬間可以飛起來。

六、我下班回到家的時候，你笑著抱我，感覺就像是有人送我一大束玫瑰。

以上的比喻有些看起來好像有點誇大，但在現今電視節目和短影音氾濫的年代，你得戲劇化一點才能讓別人聽見你。

換個方式想，當你想吸引伴侶的注意力，但一打開串流平臺就有幾百部影片啊！說話的時候如果多用比喻法，可以幫助訓練你的伴侶更專注聆聽你，也更有同理心。正如俗話所說：**「成功溝通的一半，就是讓別人聽見你。」**

親愛的，你答對了！

我常常問其他諮商師，他們有哪些幫助伴侶的妙招。下面的技巧來自我的朋友芭芭拉，我發現這可以幫助伴侶之間互相聆聽，這個技巧叫作**「答對了」**，方法很簡單。

如果你真的想要確定另一半有完全聽見你，先問他願不願意玩「答對了」遊戲。如果他不想，這時你就知道現在不是講重要的話的時候，換個時間再試試看。

如果他說可以，你就把想要溝通的事情說出來，盡可能越詳盡越好，也確保你有明白說出感受及需求。等你說完後就問對方：「你剛剛聽到我說什麼？」他這時就要把你剛剛說的內容用他的話再講一遍給你聽。

如果你小時候玩過傳話遊戲，你就知道「答對了」遠比想像中難。

如果你還有印象的話，在傳話遊戲裡，第一個人先在別人耳邊講一段故事，這個人再跟下一個人講，以此類推。傳到最後一個人的時候，他要把這則故事大聲講出來到大家都能聽見，但他講的往往跟原本的故事完全不一樣。

為了避免這種情形，「答對了」遊戲只有一個簡單的規則：**遊戲必須一直進行到你覺得伴侶準確聆聽你，也真的理解你所說的話**。等到你確實相信他真的理解你說的話，你就可以大叫：「答對了！」然後休息一下，給自己拍拍手——你們值得鼓勵。

在現實生活中進行這個遊戲的時候，感覺和傳話遊戲類似，在遊戲進行時，帶一點幽默感會有所幫助。就算你的伴侶在回答時答錯了，記得不要打岔，等他說完再跟他說：「你說的不太對。」然後再跟他說他哪裡漏掉，或是哪裡理解錯了。這個對話要一直進行到你可以說「答對了！」為止。

為了讓你看看實例，也為了搏君一笑，以下是一對伴侶在我的診間裡玩這個遊戲的紀錄（這段對話我有稍加編修）：

瑪莉：「我覺得我們好像已經沒有花時間好好相處了。你不是在看電視，就是在工作。我們現在甚至都沒一起看電視了。每天晚上我們變得好像路人一樣，只是經過的時候看到對方。就算到了週末，我們好像也一直在忙。你不是帶史考特去打少棒，就是跟他去釣魚。我們兩人的時間呢？」

羅夫：「你覺得我太忙，也花太多時間陪史考特。你想要我多跟你一起做一些事，像是去看電影或一起看電視。」

瑪莉：「（憋笑）你說的不太對。我覺得你和史考特一起打少棒很好，只是我懷念只有我們兩個人一起的時候。」

羅夫：「你想要多一點跟我獨處的時間——也許我們可以替史考特找個保姆，兩個人自己去約會。」

瑪莉：「你說的不太對。我不想做更多事，我想要有時間靜靜地跟你在一起。我想要更多親密共享的時刻。」

羅夫：「我聽到的是，你想要每週花一點時間在親密的情境裡跟我聊，不要有什麼事情干擾。你想要跟我共享更多兩人專屬的時刻，現在因為做不到，你覺得挫折。」

瑪莉：「親愛的，你答對了！」

羅夫：「很好。我要出門去跟朋友打牌了，你要一起來嗎？開玩笑的啦！」

有幾點要注意。

第一，**生氣的時候不要玩這個遊戲**，不然你們可能永遠不會到「答對了」的地步。如果你真的很不高興，請採用第五章提到的方法。

第二，**不要每件小事都用這個方法來溝通**，不然你的伴侶會對你很火大。只有在必須溝通重要的事情，或者當其他想讓對方理解你的方式都無效時，才使用「答對了」遊戲。有迫切需求時，這個遊戲是一個讓對方聽見你、理解你的妙招。

聆聽的投資

另一種幫助伴侶互相聆聽的比喻方式是「聆聽的投資」。

什麼是投資呢？「投資」表示你為此投入金錢或時間，希望未來會帶來收益。當你把注意力投資在傾聽伴侶，而且是全神貫注、抱有同理心地聆聽她時，未來通常都會得到回報。你的伴侶會暗中注意你聆聽的時間和品質，一般來說也會以相同的時間和品質來回報你。**聆聽是讓伴侶感受到你認知她的好方法**，也是給愛人最慷慨的禮物之一。

我們已經談過要怎麼讓伴侶聽見你、理解你，但你要怎麼傾聽、理解你的伴侶呢？他可能不知道要怎麼用比喻法，甚至有時候聽起來很無趣，或者根本聽不懂。不論他的溝通能力有多好，有時候你得讓他看到你尊重、理解他——不然你的「聆聽帳戶」裡就不會有「存款」。

有時候，伴侶之間不太想投資太多時間在傾聽對方，這樣就會變成兩個人都在講話，但沒有人在聽。更常碰到的情況是，伴侶之間會不斷互相打岔，當你打斷別人時，你的言外之意其實是在跟他說：「你說的話老掉牙，太浪費時間了，我連花個幾秒都覺得不值得，不過我想說的話實在太重要了，為了不浪費我珍貴的時間，我必須打斷你。」假如你記得每次打斷伴侶的時候，其實都是在跟他表達這個意思，你就會漸漸不再去打斷他。

每次有人在我的診間裡打斷伴侶時，我會馬上叫他們停下來，然後重複這一整段話：「你說的話老掉牙，太浪費時間了，我連花個幾秒聆聽都不值得，但我想說的話實在太重要了，為了不浪費我自己珍貴的時間，我必須打斷你。」這樣講了幾次之後，他們就會知道打斷對方會傳達多麼負面的訊息。

四個問題，幫助你理解別人的感受和觀點

除了相互打斷之外，我還發現另一個常見的錯誤：馬上否定伴侶說的話。比方說，如果伴侶跟你說：「我們的生活好像變得一點都不有趣了。」你會怎麼反應呢？我們在第一時間常常會變得有防禦心，想證明對方說的話不對，但這樣做一定會讓他覺得你沒有真的在聆聽他。

在第一章裡，我曾經提到，即使你不同意他的觀點，也要認知伴侶所感受到的現實；但是，如果你想要變成卓越的聆聽者，還要更進一步才行：**你得問他問題，幫助你完完全全理解他的觀點和感受**。假如你的伴侶說的話聽起來不太對或者太荒謬，與其憤怒或變得有防衛心，不如試試看對此感到好奇，想辦法釐清他為什麼會創造出這樣的現實觀。

我發現以下四個問題特別有用，能幫人們理解別人的感受和觀點：

一、關於（當下的情況），你覺得如何？
二、你為什麼會這樣覺得？
三、你為什麼會想說要（他這時的想法）？
四、我能不能做什麼來讓你覺得比較好？

問這些問題的時候，切記不要帶著指控的語氣，因為你只是想更理解另一半的觀點而已。如果對方回答你的時候帶有指責的意味，請先認知他們感受到的痛苦，想辦法了解對方，而不是替自己辯解。

通常，我問了個案這些問題之後，我真的會覺得我比較能理解他們的狀況，更重要的是，他們也會覺得我理解他們。我在聽他們回答的時候通常只會說：「喔，好，了解。」我腦子裡可能會覺得他們那樣做根本瘋了，但我不會說出來。事實上，只要我們真的覺得別人理解自己，負面情緒通常就能釋懷，和諧與愛意會回到我們身上。

聆聽，是最有愛的舉動

不久前，我準備和一位完全陌生的個案見面，在她抵達之前，我先坐下來靜心了一下。等到茱莉進入診間時，我已經很難注意外在世界發生的事情了。茱莉坐了下來，開始講述她碰到某個棘手的難題，而且這個問題還牽涉到好幾個人。每次只要我發現自己沒聽見她講的話時，就會想辦法找到適當的時機，問她我在這章稍早列出的問題，她回答了之後，就繼續講她的故事，但我老早就沒跟上她，根本無法理解她這時說了什麼話。我只能靜靜聽著、點頭表示同情——但其實我完全沒聽懂。

我在進行諮商的時候通常會比較專注，但這次我缺乏專注力，卻也學到寶貴的一課。

我的大腦跟不上茱莉講的事，所以無法給她任何指引或建議，大半時間我只是在聽而已。會晤結束時，茱莉眼眶泛著淚水說：「這場諮商真的太有幫助了！你真的幫我指出正確的方向，太感激了。」我一直沒有弄懂她到底遇到什麼難題，但顯然已經解決了，甚至在此之後，有很長一段時間她一直介紹別人來看我。不管你面對的是誰，問一些簡單的問題、全神貫注地傾聽，有可能是你對他最有愛的舉動了，被人聆聽本身就是一件療癒的事，你投資越多在聆聽伴侶上，她也會更願意花時間傾聽你。

親密重點

一、以伴侶的人生經驗當比喻，可以吸引他的注意，幫助他理解你的感受和需求。若想創造這樣的比喻，可以問自己：「我的伴侶什麼時候有過跟我現在相同的感受（或需求）？」然後再說：「當我（簡單描述你現在的情況）時，感覺就像你（簡單描述讓他有相同感受的過往經驗）的時候一樣。」

二、若想確認你的另一半眞的理解你的話，可以跟他玩「答對了」遊戲：你跟伴侶說完話後，她再用自己的話轉述你想表達的內容。等到你覺得她完全理解你說的話，你就說：「你答對了！」

三、你越是傾聽另一半，他就越有可能傾聽你。用以下幾個問題來引領他傾訴：「關於（當下的情況），你覺得如何？」、「你爲什麼會這樣覺得？」「你爲什麼會想說要（他這時的想法）？」、「我能不能做什麼來讓你覺得比較好？」

實作練習

試著創造一個比喻，來幫助伴侶了解你人生中的某件事，或兩人關係中的某個層面。

想到比喻的方式後，試著說出來，看看這樣能不能幫她更了解你。

怎樣做才能讓伴侶改變？

我只有兩個敵人。我最喜歡的敵人，也是最容易在受到影響後變得更好的敵人，叫做大英帝國。但我最強悍的敵人是一位叫莫罕達斯．甘地的男人，我好像完全無法讓他動搖。

——莫罕達斯．甘地／印度國父

我們都不喜歡改變，因為改變很難。我想你也知道，每到新年，大家都會習慣許下新希望，但即使這個改變是你自己想要的，你還是很難辦到。既然如此，如果今天你要求另一個人改變某件跟她有關的事，她會作何感想？

要求另一半改變，言下之意是你認為她有缺陷——但沒有人能拉下自尊這樣承認。因此，如果你想要伴侶改變某個惱人的行為，得非常小心才行。假如你處理得當，她會回應你的請求，盡可能配合你的要求；但只要稍有閃失，她就會更加頑強、更不為所動。

沒人喜歡改變，所以我勸你別要求伴侶改變，除非有什麼事真的讓你受不了。如果你一直要求她別像她平常習慣的樣子，過一段時間後，她會直接把你消音，或者乾脆離開。所以，在請求伴侶改變之前，請先問自己：**「我能不能調整或改變自己，讓伴侶的行為不會那麼困擾我？」**當你問自己這個問題時，感受一下自己有多麼抗拒。如果你請求對方改變，她抗拒的程度至少會跟你一樣，所以，除非你已經窮盡一切方法，否則別想要她改變。

要求伴侶改變的三種方法

有三種可以讓伴侶改變的方法。首先，你可以用威脅或不斷打擾的方式逼他改變，直到他受不了為止，如果你使用這個方法，就算他最後照你的意思改變，你也只是打了一場空洞的勝仗，因為他暗中會感到不滿。

第二種是接受現狀，無條件地給他愛，並且希望他惱人的行為有一天會因此消失。這個方法有時候有效，但有時候沒用，假如對方的行為有破壞性，或者實在極其煩人，你可能要有聖人般的耐心才有辦法愛他。另外，你的伴侶可能根本不知道你想要他改變什麼，所以不管你有多愛他，他都不太可能改變得如你所願。

第三種方法是和他交談，但說話的方式要避開他的指責偵測器，而本章就是談論這個技巧。

要求伴侶改變，有如開刀摘除腫瘤。外科醫生要開刀的時候，會照著一套詳細擬定的計畫進行。她會先把病患安置好進入手術房，用麻醉藥消除疼痛，迅速切除腫瘤，最後協助病患復原。同理，你要帶著你的「病患」（伴侶）走過同樣四個步驟。

像這樣小心擬定策略看似沒有必要，但請求伴侶改變確實有如開刀，一樣有可能帶來危險。

前置作業

「手術」的前置作業就是給伴侶建設性的回饋，讓他充分感受到你認知、賞識、接受他，**如果你想要伴侶改變，他必須先知道你愛他**。

在此我們先假設你們的關係裡已經有相當程度的信任與安全感，接下來要注意的是正確的時機。觀察一下他的狀態：如果他今天剛好不太順利，或是他看起來心情不太好，那就換一個時間；如果他當下的自尊水準不高，無論你多麼小心，都很有可能觸發他的指責偵測器。

如果他的狀態看起來沒問題，請先跟他說一件你欣賞他的事。由衷地表達賞識可以讓他自尊帳戶裡的「存款」暫時增加，但也請你先留意，**不要只為了批評而先去讚美他**，如果你這樣做，他很快就會發現不對勁。

希望你在這裡已經養成經常表達賞識的習慣了，假如是這樣，這時再來一句讚美也不會讓他起疑。表達賞識之後，你已經幫病患準備好接受手術了。接下來就是施打麻醉藥。告訴伴侶你希望他怎麼改變的時候，最好的麻醉藥是**正向意圖**。

回顧一下第一章，「正向意圖」指的是你藉由給他回饋、最終想要達到的結果，舉例來說，你的正向意圖可能如下：「親愛的，我需要請你幫我一個忙，我會這樣請求你是因為我非常重視我們的關係。我們能有這樣的愛實在很幸運，我想要確保我們的愛會越來越深。」像這樣表達正向意圖，能讓伴侶將你要求他做的改變放在適合的情境裡。

在平常時候要求他改變，可能會觸發他的指責偵測器，但這樣的正向意圖有緩衝的作用。如果你不提供情境，伴侶也會自己創造一個情境，而且他創造的可能沒這麼好——他可能會把你講的話解讀為嘮叨、憤怒，或是認為你批評他不夠好，三個警鈴一次響起，他的指責偵測器一定會被你觸發。

開始動手術

表達完正向意圖後，接下來就是向伴侶說明你想要他怎麼改變。和前面一樣，進行這項精密作業時，你的主要目標是避開他的指責偵測器，最好的做法是盡可能把當下問題的責任攬在自己身上。

舉例來說，我們假設你希望伴侶不要一生氣就對你大聲吼叫。如果你直接對她說：「我不要你一生氣就對我吼叫。」你很可能會觸發她內心的警報和防禦系統：這樣對她說話，言下之意是她有問題，只有你知道應該要怎麼做。所以你可以試著承擔一部分的責任：「小時候我媽媽常常對我大吼大叫，所以我從小就一直很怕別人對我生氣。你對我大聲的時候，我會覺得害怕。我可能有點太敏感了，但我希望可以一起找到方法，這樣我不用那麼害怕你對我大聲說話。」像這樣示弱，甚至承擔一部分的責任，伴侶就更有可能傾聽你，同時不會變得這麼有防衛心。

有些人會抱怨，這樣的做法簡直是如履薄冰。一點都沒錯，人的自尊心非常脆弱，防禦又非常強。如果要穿過自尊心的層層防禦，你的溝通計畫必須無懈可擊才行。事實上，如果你打算請求伴侶改變，你最好事先把想要說的話一字不差地寫下來，這樣等到你進行這項精密的計畫時，才不會發生嚴重錯誤。

從我多年的經驗看來，當你覺得伴侶有問題時，要你來承擔責任是多麼困難的一件事。就你的觀點來看，問題明明出在他身上，但無論如何，請把責任攬到自身，這樣伴侶才更有可能願意改變。

幸好，這件事不用做得百分之百完美，只要你向伴侶表達賞識，也說明了你的正向意圖，就算你沒有承擔全部的責任，他應該還是有辦法處理你給他的反應。如果你覺得找到百分之百正確的用語太困難或太奇怪，不如直接把你心裡的事講出來，盡可能快速帶過去，然後往下一步走。

問對問題

如果到了這裡都沒有觸動他的警報，接下來就是最重要的一步：**要你的伴侶同意改變**。在我剛剛開始做諮商這一行時，我會直接跟個案說他們應該要怎麼改變才會快樂，但他們很少會回診，而且就算有回來，也幾乎沒有照我的建議去做。我一開始會責怪他們「不是真心想改變」，但後來我發現，是我沒有承擔「失敗」的責任。

我漸漸發現，大多數人不想要別人來教他們怎麼改變——就算他們明明知道你說的對。直接跟對方講她應該要怎麼做，很容易導致她的自尊心降低；比較好的做法，通常是請她想出新的行為方式，來解決當下的問題。

我從諮商工作中發現，只要我問對問題，幾乎所有的個案都能迅速化解他們的問題——但前提是問題一定要問對。

每個人的內心都有智慧之源，但在防禦或惱怒的心境之下，通往智慧的門就會關上。假如我們的心境平靜又充滿愛，只要有人提出一個有幫助的問題，我們就能提取智慧的泉水。假如你有辦法避開伴侶的指責偵測器，這時提出正確的問題就有可能讓她馬上想出好的解決方案。

如果你想要伴侶改變擾人或是有破壞性的行為，應該要怎麼提問呢？跟她說：「我需要你的幫忙。我有一個困難，是——（簡單描述你想要伴侶改變的事情）。你覺得我們以後可以怎麼做，才能好好處理這種情形呢？」

這時，你的伴侶會有以下其中一種反應：第一，她也許會變得有防衛心。這個反應不太可能發生，但如果她真的這樣，你最好換個時間再試一次，並跟她說：「我看你現在心情有點不好，對不起，是我不該在這個時候跟你提的。」

第二，他提出方法，而且你覺得這樣真的可行。這時你可以說：「親愛的，這個想法太棒了！如果你可以——（他提出的做法），我會非常感激。謝謝你想到這個方法，這樣我們可以更親近。」當然，請用自己的話來說，不然伴侶可能會覺得你在敷衍他。

如果你的伴侶提出的方法真的很糟，或者他說：「我想不到能怎麼辦？」接下來請小心進行。

我發現，這樣說跟他效果通常會最好：「你願不願意聽聽我的想法，看看我們能怎麼解決這個問題？」如果他不願意，那就不要再說了，因為只要通往內心的大門關上，什麼話都進不去。不過，如果你到這裡都沒有觸動他的警報器，他一定會願意聆聽。

此時你最好提出至少兩個你考慮過的方法。你也許可以說：「我的偏好是，當你————（簡單描述狀況）時，你（或我們）可以改成試試看————（簡單描述你的解決方案）。如果你願意嘗試，我會非常感激，但如果你覺得這樣不行，我們也可以試試————（描述第二個解決方案）。」就算你真的只想要第一個方案，提出兩個選項讓他來選還是比較好。

如果你只提出一個方案，伴侶可能會覺得你想控制他，因而抗拒你提出的解法，但是，如果你提出幾個選項，就算其中包括一些你自己很不喜歡的方案，你的伴侶還是會覺得你是真心想要解決這個問題，而不是不計代價、只想滿足自己的私心。

這樣說能解決彼此難題

丹尼爾來找我諮商，因為他的女友安妮總是遲到，他為此深受其擾，因此向安妮建議找我一起做伴侶諮商，但安妮不想，於是他自己前來找我，問問他可以怎麼處理。經過一番詢問之後，我得到的結論如下：丹尼爾很希望安妮改變她的行為模式、想找到有效的方法讓她改變。他之前曾試著提出一些方法，但安妮馬上變得有防衛心，什麼話都聽不進去。我跟丹尼爾諮商的時候，採用了這一章提到的手法，訓練他說像這樣的話：

「親愛的，我很欣賞你的廚藝。謝謝你昨晚願意花時間幫我煮晚餐，每次你這樣做我都會覺得很感動。我知道你是一個願意付出的人，我想讓我們的連結更深，所以想跟你談談一件最近有點困擾我的事，假如可以討論一下這件事，我覺得我們在相處上會更愉快。有時候我們一起參加活動時，你會拖時間導致遲到，我發現這種時候我會覺得很受傷、害怕，也許這只是因為我擔心別人看待我們的眼光，但不管怎麼說，我都覺得好糟。你覺得我們以後可以怎麼做，才能好好處理這種情形呢？」

丹尼爾跟安妮這樣說的時候，本來很擔心她會有什麼激烈反應，但沒想到安妮竟然願意接受——她不但沒有設防，甚至還提出幾個建議，幫她以後能準時出發。兩人簡短討論之後，丹尼爾同意以後在出發前三十分鐘提醒安妮要準時。他們成功解決了一個擾人的難題，兩人也因此覺得更親近。

我把以上各個步驟合併成為這個口訣：**A P I S W A P**。

第一個A是「賞識」（Appreciation）：請記得先以讚美開始；P I是「正向意圖」（Positive Intention）：講出你的正向意圖，讓你的回饋有一個正面的情境；S W是「講出來」（Say What），也就是把你遇到的困難講出來；最後，A P是「問你的伴侶」（Ask your Partner）：記住，在你提出自己的建議之前，先問伴侶可以怎麼改善情況會更好。假如你覺得需要提出自己的建議，也請記得先徵求伴侶的同意：「你願不願意聽聽我的想法，也許會有用？」這樣伴侶會覺得被你重視，而不是覺得你嘮叨，因此更有可能接受你的想法。

B計畫讓對方信守約定

我在帶溝通工作坊的時候，一定會有人問這個問題：「假如我的伴侶同意他同意做的事，最後卻還是沒照做呢？」會問這個問題的人，通常是因為他請求伴侶改變的時候採用「嘮叨法」，對方最後之所以屈就，只是因為受不了一直被碎念。既然這個解決方案不是他想出來的，他接下來當然不太可能真的改變自己的行為模式。

假如你採用「APISWAP」法，你的伴侶很有可能會改變——因為解決方案是他想出來的。但是，假如他還是舊習不改，請用溫柔的語氣提醒他一下。這種情況往往只是他忘了你們的約定，只要你一提醒，他馬上就會遵守你們約定好的解決方案。

但如果你提醒了之後他還是抗拒，或者一直忘記遵守約定，這時你就得有B計畫了。

「B計畫」是用溫和的方式鼓勵你的伴侶遵守約定。你需要用不帶批判的語氣陳述相關的事實，然後跟伴侶說：「你同意______（他同意做的事），我很感激，但這似乎沒有實現。你覺得我們之後可以怎麼做，確保約定可以實現呢？」這和之前一樣，你不是自己提出解決方案，而是先問伴侶有什麼想法。如果你覺得他的答案可行，那就沒問題了。但我發現，很多人聽到這個問題後，常常會回答：「我以後不會再忘記了。」不要接受這個答案，畢竟你早就提醒過了。假如你以前提醒過但沒有用，你就必須達成一個新的協議，而且需要帶一點「懲罰」。

我的建議是，不要跟伴侶說他以前已經忘過你們的約定，因為這樣很可能只會讓他會想要提防你。你可以改說：「假如你不巧忘了要______（他同意做的事），你覺得要有什麼樣的後果才會公平呢？」這個提問威力強大：人都會設法避免後果，但如果不遵守約定，必然要承擔後果。如果你的伴侶提出一個違約的「懲罰」，你也可以接受，那就沒問題了。但如果他說不該有什麼後果，或者他只是一再說他不會忘記，那你還得再進行下一步。

以下的逐字稿說明要怎麼成功面對不守承諾的伴侶。

你：「假如你不巧又忘記星期一早上去倒垃圾，你覺得要有什麼樣的後果才會公平呢？」

他：「我下次不會再忘了。」

你：「你願意做，我很高興，但既然你之前已經忘過幾次了，假如你還是忘記，你覺得要有什麼樣的後果才會公平呢？」

他：「我不知道。我會做就對了。」

你：「如果你又忘記的話，你願不願意請我吃大餐呢？」

他：「我不懂為什麼要有什麼後果。我有時候就是會忘記嘛。這有什麼大不了的？」

你：「我懂你的意思，人都會犯錯，我不想讓你覺得不好受。可是所有的行為都會有後果。你說如果我不幫狗狗清理便便，我們就必須把狗狗送走，所以我現在都會幫牠清理便便。我知道你會想拿垃圾出去倒，但假如你真的又忘了去倒，我覺得你應該要承擔後果才對。你覺得什麼樣的後果才公平？」

他：「好，如果我又忘記倒垃圾，我會請你吃大餐。」

在這個範例裡，伴侶有點難纏，但雙方最後還是找到解決之道。整體來說，你必須讓伴侶知道一再不守承諾必然有後果。一般而言，後果是憤怒和怨氣一直累積，但這樣對任何人都沒幫助。如果使用前面描述的討論方法，你會先請伴侶提出一個具體、立即的後果，假如他沒有什麼想法，你可以提自己的，不管提什麼都行，只要雙方都同意就可以。我知道有一對夫妻是這樣約定的：如果先生忘記每個月要除草兩次，太太就會花錢找人來除草。先生不想為了這個多花錢，所以這個約定成功讓他三年來從沒忘記除草。

如果我用文字一步步說明騎腳踏車的步驟，你讀起來會覺得好複雜。但是，一旦你抓到騎腳踏車的感覺，各種跟平衡、踩踏、控制方向等相關細節都會自然到位。同理，讓伴侶改變的步驟乍看之下好像很複雜，但只要你抓到感覺，這一切就能順暢運行。

促成伴侶改變的實踐案例

凱蒂來找我諮商，因為凱蒂和先生喬治碰到難題，所以她決定來找我諮商。她不喜歡喬治一直喝酒，兩人常常為此起爭執，因為喬治不覺得這是一個問題。我教凱蒂使用「APISWAP」法，也請她記錄整個過程，以免她實際操作的時候遇到問題。我可以很高興地說，凱蒂的表現非常出色。

以下是他們的對話紀錄：

凱蒂：「親愛的，謝謝你前幾天晚上帶我去看電影。我很喜歡我們一起出去的時刻，我也想跟你一起共度更多美好的時刻，所以想跟你談一談我最近碰到的一個難題。我現在可以跟你談談嗎？」

喬治：「什麼時候都可以。」

凱蒂：「好，就像我說的，我想和你更親近，但我覺得現在有一個阻礙。我想要少一點焦慮，對你多一點包容。我覺得這樣能讓我們的關係更好。可是，我想你也知道，我擔心你的飲酒量。我爸爸以前會酗酒，所以每次你喝酒時，我都會覺得害怕。」

喬治：「你爸爸的酗酒問題跟我無關。」

凱蒂：「沒錯，但我希望心裡更平靜一些，在這方面我需要你的幫助。你覺得我們可以怎麼做，讓我們兩人都更能面對這個問題？」

喬治：「我不知道。你不要再擔心就好。」

凱蒂：「相信我，如果我能不擔心的話，我老早就不會擔心了。但每次你喝酒的時候，我真的好害怕，可是我又不想對你感到恐懼。我想要我們在一起的時候快樂又有愛。你覺得我們還能怎麼做，讓彼此都能接受呢？」

喬治：「這個嘛，也許可以協調我的飲酒量。如果我同意喝酒的時候控制在一個範圍之內，你可能就不需要那麼擔心了。」

凱蒂：「我覺得這個想法很棒！你覺得要怎麼協調才對你公平、我也不需要太擔心？」

喬治：「不然這樣好嗎？我一晚不超過三杯啤酒或兩杯紅酒，一週喝酒次數不超過三晚。」

凱蒂：「我覺得這樣很公平，我確實不會那麼擔心。」

凱蒂相信喬治沒過多久一定會違約，但她沒有說出來，只是靜靜地等著看會發生什麼事。不出她所料，有一次在朋友的派對上，喬治喝了大約三杯紅酒，加上好幾杯啤酒。她知道不要在他酒醉的時候找他說話，所以第二天才去跟他講這件事。以下是他們的對話內容：

凱蒂：「親愛的，你有注意到昨天你喝了多少嗎？」
喬治：「啊，我不知道。怎麼了？我是不是看起來有點茫？」
凱蒂：「你還記得之前同意的事嗎？這樣我才不會覺得那麼擔心？」
喬治：「（語帶惶恐）喔對。親愛的，對不起——以後不會再發生了。」
凱蒂：「我願意真心接受你的道歉，但如果以後再發生的話，我們該怎麼做才好呢？我得對你放心才行。」
喬治：「喔，這個只會發生這麼一次，以後不會了。」
凱蒂：「我知道你沒有惡意，但假如這個情形明年又不巧發生了，你願不願意跟我一起去諮商呢？」

喬治：「好好好，但不會有問題的，你不用擔心。」

回頭分析凱蒂的做法，她只不過是套用了「ＡＰＩ ＳＷＡＰ」的原則。喬治食言的時候，她就採取Ｂ計畫，不斷問問題，直到喬治同意違反約定會有什麼後果。

一旦你熟悉使用這些方式促成伴侶改變行為模式，你們的關係會有重大的進展。別人可能需要花好幾年才能化解的問題，你們只需要幾分鐘就能處理了，這真的是溝通的奇蹟！

提筆寫出和睦關係

「ＡＰＩ ＳＷＡＰ」法非常鉅細靡遺，所以有些人會偏好把它寫成給伴侶的一封信。我發現，不少人看到信之後的反應，比口頭對話的回應更好，因為他們可以在自己有空的時候讀信，而且不必馬上回應。寫信給伴侶還有另一個好處：**你可以精準控制你的用字。**

提姆和賈妮碰到的問題是賈妮有嚴重的口臭，但他每次試圖提起這件事時，賈妮就會感到不悅、開始設防。後來，提姆依照「ＡＰＩ ＳＷＡＰ」的格式寫了一封信給她：

「親愛的，我最近覺得好感激，因為我的生命中有你。我很珍惜我們之間的連結，希望彼此間能繼續維持這麼深刻的情感，所以我想跟你一起討論一個我碰到的難題，希望只要我們處理好這個問題，就能更快樂、更親近。你應該已經知道，我一直不喜歡蔬菜，特別是花椰菜，我不知道為什麼，但就是不喜歡它的味道。不過，你常常吃花椰菜和其他蔬菜，有時候我可能會因此對你嘴巴的氣味特別敏感。你覺得我們能不能找到方法，讓我吻你的時候不會那麼不舒服嗎？我很感激你以前試過的方法，像是刷牙，但效果似乎只能維持幾分鐘而已。我們還能試試其他的方法嗎？你可以花點時間想一想，假如你沒想到的話，我有想到一些方法也許有用。我知道我們一定能克服這個難關，因為我很愛你，我不會讓這麼一點小事阻礙我們兩人的關係。愛你的提姆。」

在提姆寫這封信之前，賈妮一直不願意嘗試喉糖或口腔清潔劑，而是一直認為提姆要求太多，又「不想真的親近」她。不過，當賈妮讀完這封信後就跟提姆提議，在接吻親熱之前，她可以試試看用喉糖或口腔清潔劑。提姆當然稱讚她想出這麼好的解法，這個難題就這樣解決了，筆桿的威力看來還勝過花椰菜的氣味！

♥親密重點

一、如果你想請求伴侶改變她的行爲模式，一定要設法讓她準備好聆聽你的請求。最好可以事先擬定你想說的話，然後找個恰當的時間對她說。

二、「APISWAP」法是請求伴侶改變的方法。首先向你的伴侶表達賞識，接著描述你提出請求背後的正向意圖，然後再具體描述你希望看到的改變。最後，用這樣的話請你的伴侶提供建議：「我需要你的幫忙。我有一個困難，是＿＿＿＿＿＿（簡單描述你想要伴侶改變的事情）。你覺得我們以後可以怎麼做，才能好好處理這種情形呢？」

三、你有可能覺得把整個「APISWAP」的流程寫下來更好，或者覺得用紙筆的效果更好。書寫的時候，你的用語可以更精確，伴侶也更有可能在不設防之下接受你的請求。

實作練習

是否有什麼小事是你希望伴侶可以改變的？

也許你覺得他在餐桌上擤鼻涕很不好，或者她會在你講電話的時候打斷你。不論是什麼事，請試試看用「ＡＰＩＳＷＡＰ」法，請求伴侶做出你希望的改變。

用具體協議來解決問題

你要不是成為答案的一部分，就是成為問題的一部分。

——埃德里奇．克里沃／美國政治活動家

法蘭克和辛蒂結婚二十五年，只有一個大問題：他們從來沒有討論過錢的事情要怎麼處理，因此兩人常常為了錢吵架，即使吵了二十五年也沒有什麼進展。

伴侶之間如果出現一個棘手的議題，大多數人會爭論這個問題到底是誰的責任，他們兩人也是如此，而且正因為他們為此吵了那麼久，使他們更加生氣。每週總有好幾次，一旦有某件事情觸及到錢，他們就會一再互相指責，認為這都是對方的錯，而這樣爭吵只是在浪費時間。

許多伴侶會掉入與法蘭克、辛蒂兩人相同的陷阱，因為他們沒有真的協調過問題應該要怎麼處理。因此，他們得一直在老問題上打轉，而且也勢必會碰上新問題。沒過多久，伴侶之間可能會覺得被各種問題淹沒，如果要避開這個陷阱，就得學會怎麼解決問題，而且不論是什麼樣的問題，都能一口氣解決。

正如其他的溝通技巧，雙方在協調解決問題的時候，有些方式有用，有些則無效。伴侶之間如果熟悉這個技能，就能創造出長長久久的信任感與愛。

以「APISWAP」爲起點

在第七章裡，我討論過規範的分歧可能會導致兩人關係不和睦，也希望伴侶可以互相告知自己的規範，而且描述得越具體越好。一旦伴侶之間互相講出自己的規範，兩人很快就會看到哪些看法有分歧。舉個例子，如果女方覺得所有的開銷都應該由男人出錢，但男方不這樣認為，兩人之間就有問題了。

這一章會安排在整本書最後面是有原因的。若要協調解決問題，我們必須先熟悉前面談過的一切事項：你必須知道怎麼避免指責對方、怎麼讓自己被對方聽見、怎麼讓伴侶感受到愛意，以及前一章談到的「ＡＰＩＳＷＡＰ」法。最後這一項格外重要：**如果要替你們關係中的問題找到解決方法，「ＡＰＩＳＷＡＰ」法是絕佳的起點**。

我們先來溫習一下。Ａ是「賞識」：兩人互相交替讚美對方某個特點。這樣的用意是提醒你們，即使碰上難題，你們還是很關心對方；ＰＩ是「正向意圖」：讓你的伴侶知道，你想要協調出共識的最終目的是什麼；ＳＷ是「講出來」，也就是把你看到的難題講出來；最後，ＡＰ是「問你的伴侶」，也就是詢問對方的意見，看他覺得這個問題有什麼公平的解決方式。

跟前面請求伴侶改變行為模式相比，若要和伴侶協調達成協議，我發現稍微改變一下你的提問會比較有幫助。

協調即妥協的藝術，因此在詢問她有什麼解決方式之前，可以先給予一個情境，讓她把她的方案放進這個情境裡。你可以說：「考量到我們各自在這方面的需求，你覺得有什麼方法對我們兩人都比較好？」這樣提問能幫助你引導另一半想出兩個人都比較可能適用的解決方案。

另外，達成協議還需要增加兩個步驟。

第一個步驟是**「進行實驗」**。解決問題時常常會碰到一個阻礙：許多人不敢給出長期的承諾。畢竟，假如雙方沒有先實際操作過一陣子，怎麼可能知道這個方案真的公正、可行呢？因此，我建議伴侶之間同意用某個解決方案來實驗一陣子。假如你們試了之後，發現這對其中一人或雙方明顯不可行，你們都可以要求換成別的方案。如果抱持著實驗的心態來解決問題，你們更有可能達成協議。

第二個新增的步驟，是明明白白地說出你想要嘗試哪一個解決方案。在說出你的選擇時，除了要清楚說明以外，也要有一套簡單的儀式，以象徵你們達成協議。你們可以把要拿來實驗的方案講出來，然後握一下手，或者把它寫下來，然後雙方在紙上簽名。不論你們選擇怎麼做，都要確保你們選擇解決方案時語意清晰，也確實願意嘗試。

加了這兩個步驟之後，「A P I S W A P」就變成**「A P I S W A P E D」**：E代表「實驗」（Experiments），D代表「聲明」（Declare）。

「APISWAPED」的實踐案例

以下用我親身的實例，來說明這個方法怎麼進行。當我感到憤怒或不悅時，我常常會誇大情況有多糟。海蓮娜會馬上指出我可以怎麼解決當下碰到的問題，但這只會讓我的怨氣更深。

以下是我們一同處理這個議題的逐字稿，當你在閱讀時，請記得「ＡＰＩＳＷＡＰＥＤ」的每一個步驟，讓你理解我們兩人討論的進展。

我：「親愛的，你看了我的寫作後願意坦白給我意見，我覺得很感激，我覺得你真的有在關心我。」

海蓮娜：「很好啊，我喜歡這樣做。」

我：「我最近有個問題，跟我表達憤怒的方式有關，不知道能不能跟你討論一下？」

海蓮娜：「當然沒問題啊，我的甜心。」（她真的會這樣說話。）

我：「我不喜歡我對你表達怒氣的方式。我希望我們可以一起找到一個方法，讓我在感到憤怒時，可以一起妥善處理。假如可以達成共識，我覺得我的怒氣可以更快消失，也會有更多時間跟你親近。」

海蓮娜：「這聽起來很好啊，親愛的。」

我：「我發現，只要我一覺得不高興，你馬上就會設法指出讓我不高興的原因，或者你會想要說服我，情況其實沒那麼糟。但這樣的反應似乎都會讓我更煩躁。」

海蓮娜：「你是不是覺得，我這樣做讓你感覺我沒有聽你說話？」

我：「我想我之所以會覺得煩躁，是因為我當下的情緒不想要那樣。覺得不高興的時候，我大概無法理性思考。你有沒有什麼方法可以幫助我更快讓不滿的情緒消失？」

海蓮娜：「這個嘛，也許安靜聽你說話就好。」

我：「我覺得這樣可能比現況好一些，但可能還不是最理想的方法。你願不願意聽聽我的看法？」

海蓮娜：「沒問題。」

我：「這麼說有點難以啟齒，但我感到不高興的時候，我想要你給我更多同理心，站在我這一邊，一起認為情況真的有那麼糟。我想要你完完全全認知我的痛苦。以後碰到我生氣的時候，你願不願意實驗一下這個做法可不可行呢？」

海蓮娜：「好的。」

我：「那我們就這樣約定好了？」

海蓮娜：「約定好了。」（我們握手。）

人畢竟無法預測，所以你的伴侶有可能不照著你的「ＡＰＩ ＳＷＡＰＥＤ」劇本走，你也有可能會忘詞，但碰到這種狀況的時候，你都必須設法拉回來。當你們一步步照著這個方法走下去，你們最後達成的協議甚至有可能消除你們關係中的一大堆問題。一旦達成實際可行的協議，你們不會再覺得關係被各種重擔拖累，反而會重溫當初剛剛在一起時的輕盈快樂。

既然各種老舊的關係規範已經瓦解，和伴侶協調共識現在更顯得重要。以十二地雷而言，我發現讓大多數伴侶最感頭痛的議題是錢。購物時該由誰出錢？財務由誰掌管？如果你們已婚，其中一方想要買新車，另一方覺得這樣不明智呢？這些都是很難處理的問題，但如果你們能協商出一起面對這些重大議題的方法，可以省去不少痛苦掙扎。

爲金錢起爭執時，該怎麼辦？

我把「APISWAPED」法教給本章開頭不斷為了錢爭吵的法蘭克和辛蒂。任何為了某一件事爭執多年的伴侶都會知道，只要一提到這個議題，兩人的情緒都會上來。在這樣的情況下，就算只是想要討論出暫時的解法，感覺都像是喝醉酒走鋼索一樣，法蘭克和辛蒂都很容易從鋼索掉下來，而且一掉下來就會落入互相指責的無限循環裡。

此時我的工作就是「給他們一條更大的鋼索」，換言之就是提醒他們回到「APISWAPED」法。以下是我們交談的紀錄：

我：「既然我們已經談過你們彼此互相賞識的特點，這一步我們可以先跳過。辛蒂，你要不要先講一下，解決金錢議題對你來說有什麼正向意圖？」

辛蒂：「法蘭克，我想要我們的關係裡少一些緊張，多一些信任。我想更有辦法掌控自己的生活。我不想面對你一直不斷懷疑我會浪費錢在……」

我：「暫停一下。最後這一句聽起來像是指責，我們先往下一步走。說說你覺得問題是什麼。」

辛蒂：「問題在於法蘭克對金錢有問題……」

我：「暫停一下，指責偵測器在響了。試試看不要再提到法蘭克，講一下有什麼東西你想要但得不到。」

法蘭克：「她每次都這樣，什麼事都怪到我頭上。」

我：「我不是法官，你們來這裡不是要我進行審判，你們的目標是要解決一個長久讓你們關係受挫的議題。我們先盡量避免互相計較，專注想一下有什麼可能的解決方法。」

辛蒂：「問題在於，在我花錢的時候，我希望自己不用擔心法蘭克質疑我為什麼要買這買那。我想知道我們到底有多少錢，假如錢還夠的話，有時候也可以拿來花在自己身上，而不是一直在存錢。」

我：「法蘭克，換你說說看，你覺得問題是什麼？」

法蘭克：「問題是她根本不相信我可以控管錢。」

我：「法蘭克，我聽到警鈴在響了。你能不能重述一下這一句話，改成有什麼東西是你想要但得不到？」

法蘭克：「好，看到辛蒂那樣不假思索地花錢，讓我覺得很不安，我希望我們能有足夠的退休金。我的擔憂是，除非由我來管錢，否則存款不夠我們安逸退休。」

我：「很好！你們至少做到一半了。現在，我要你們互相問對方這個問題：『考量到我們各自在這方面的需求，你覺得有什麼方法對兩人都比較好？』」

法蘭克：「就你對我的需求認知，你有沒有什麼提議可以幫助我們解決這個問題？」

辛蒂：「我的確有。要不要試試看這樣：錢由你管，但你每週給我七十五美元，讓我買基本生活開銷以外的東西。另外，我想要我們一起看看存款帳戶和共同基金裡有多少錢，如果財務狀況還可以，我們今年一起規畫一趟旅行。為了公平起見，我不會在你沒同意之下使用任何一張信用卡，也不會在你沒同意之下開額度超過一百美元的支票。」

法蘭克：「每週七十五美元？那樣太多了！你要那麼多錢做什麼？我可不是

一棵搖錢樹，我得出門工作……」

我：「暫停一下。法蘭克，試著不要責怪或指控對方，而是自己想一個你可以接受的提議，同時也要顧及辛蒂的需求。」

法蘭克：「這樣的話，我願意和你一起看現有的資金還有多少，如果我們都覺得現在手頭還充裕，可以規畫一趟旅行。你說你不會在我未同意之下使用信用卡和寫超過一百美元的支票，這我也都沒問題。但每週七十五美元買有的沒的實在太多了。我可以每週給她三十美元……這樣每個月就是一百二十元了！」

辛蒂：「每週三十美元能買什麼？這樣簡直在過窮人的生活啊！我不懂為什麼……」

我：「暫停一下。辛蒂，你願不願意實驗一個月，每週只用五十美元，看看這樣是否行得通？」

辛蒂：「這不是我想要的，但我願意試試看。」

我：「法蘭克，你願不願意實驗一下，每週給辛蒂五十美元，看看這樣是否行得通？」

法蘭克：「我覺得這樣實在不合理，但我想不到有什麼更好的選項。我可以試試看——但先試一個月就好。假如行不通，我希望能重新協商這件事。」

我：「一個月以後，假如你們有人覺得這個協議不可行，任何一方都有權重新協商。這樣約定好可以嗎？」

法蘭克和辛蒂：「可以。」

抓到訣竅了嗎？從法蘭克和辛蒂的例子可以看到，跟指責伴侶相比，你必須有更強的意念來找到解決之道。

但是，「APISWAPED」法有一個很大的障礙：它需要花費很大的力氣。除此之外，就算你們達成雙方都可以接受的協議，你的感覺可能不會太好，因為你會覺得只拿到一部分想要的東西而已，但妥協本來就是這樣，有得必有失。反過來說，一直指責伴侶幾乎一定能讓你感覺良好——你什麼都不必付出，又能覺得自滿得意。問題是，指責到最後沒有任何用處，你當下會覺得爽快，但長久來看，對你們的關係所帶來的影響卻是有毒的，因為你們什麼都解決不了。

在解決問題的時候，雖然當下會覺得很辛苦，但長久來看，會讓你們的關係更有愛、更和睦。這就跟人生許多事情一樣，要先花點力氣才能得到回報。

法蘭克和辛蒂達成協議，最後十分圓滿。他們和許多人一樣，一個月後雙方都覺得實驗的結果很好。光是這一個協議，就足以改變他們的婚姻：以前他們可以為了錢每週吵架三到四次，但在這一個月裡，他們只為錢爭執過一次——而且爭執的原因不在當初協議的範圍內。

他們發現用「APISWAPED」法化解問題的效果奇佳，於是也用這個方法處理其他問題，有些實驗並沒有馬上成功，所以有時候他們必須重新協商解決之道。不過，許多困擾他們多年的問題，現在往往只需要幾分鐘就能解決了。

讓對方進入解決心態的關鍵問題

從法蘭克和辛蒂的例子來看，「APISWAPED」法的關鍵是問伴侶這個問題：**「假如考量到我們各自在這方面的需求，你覺得有什麼方法對我們兩人都比較好？」**這個問題會迫使伴侶進入務實、想解決問題的心態。

由於這個問題的威力十分強大，你的伴侶一開始可能會抗拒，或者變回指責的模式。這時你可以再問他相同的問題，一直問到他回答為止。若他說他沒有想法時，你可以再問他：「我有一些想法，你願不願意聽聽看呢？」如此一步接一步，將你們的對話引到雙方都覺得可行的協議。

你們應該先解決哪個問題呢？我建議先從幾個比較小的問題開始，這樣可以讓你們在處理重大難題之前先熟悉整個流程。等到都熟悉了，就拿這個方法處理十二地雷，或任何你們當下面對的問題。

稍加練習之後，你們會覺得驚訝，因為許多長久以來困擾你們的問題，現在都能迅速找到解決方法。也許這些解決方法一開始讓你不太好受，但長久來看會為你們的關係帶來奇蹟。

♥親密重點

一、許多伴侶之間不斷面對相同的老問題，因爲他們從來沒有達成具體的協議來解決問題。如果要避免這個情況，應練習協商找出雙方都覺得可行的解決方法。

二、和伴侶一同解決問題時，先以「APISWAP」法開始，然後加上兩個步驟：一起腦力激盪，找到你們願意一起實驗的解決方法；決定採用某個方法後，再清楚聲明你們有此約定。

三、利用這個提問，讓你們的對話聚焦在尋找解決方法：「考量到我們各自在這方面的需求，你覺得有什麼方法對我們兩人都比較好？」不斷反覆磋商，直到雙方達成妥協爲止。

實作練習

挑一個你和伴侶之間的問題，用「APISWAPED」法協商解決方法。這可能是你們在某方面有不同的規範，因此你想避免以後問題變得更大，或者也有可能是你們當下需要面對的議題。

這個問題不需要多嚴重，重點是讓你和伴侶可以馬上開始練習這個方法，感受一下整個流程。

修復信任感

自我辯解者，即自我控訴者。

——加貝若爾・梅瑞爾／法國詞典編纂者

信任有如伴侶關係的基石，沒有信任，整個關係會直接崩解。就算你有絕佳的溝通技巧，一旦信任感崩壞，你們的關係也會瓦解，不管你講什麼話，她都聽不進去。

我們前面已經談過，指責偵測器被觸發後，你的伴侶會暫時聽不見你所說的話。假如信任被破壞了，伴侶也同樣會如此——除非你修復信任感。我在諮商工作裡，常常看到伴侶之間不斷互相傷害，直到兩人的信任感蕩然無存。

教導更好的溝通方式固然有必要，但還不足以修復損傷。因此，如果你和伴侶之間的信任感被破壞了，你還得學會其他技巧才行。

假如你覺得另一半和你漸行漸遠，首先要做的，是看看這當中是否真的有問題。

我會請我的個案使用**「信任溫度計」**的概念：「十度」表示你的伴侶可以安心信任你，「一度」表示他完全不信任你，「五度」大約是平均。如果你覺得伴侶好像越來越疏離，你可以問他：「我在你的信任溫度計上是幾度？」如果他回答六度以上，那你們應該沒什麼問題，但度數太低就表示你們需要進行修復工作。

在談論怎麼修復信任感之前，我們應該先看看信任感會怎麼被破壞。

在伴侶關係中，信任感被破壞或摧毀的方式主要有兩種：第一，你可能沒有遵守和伴侶之間的承諾，假如這項承諾非常重要，你只需要打破一次，就足以摧毀兩人之間的信任。舉例來說，如果其中一方有婚外情，兩人的關係往往就會破碎。

第二個方式是傷害伴侶，正如承諾一般，有時候伴侶只需要被傷害一次，信任感就有可能被摧毀，比方說對伴侶家暴。但更常發生的情況是由許多小傷漸漸累積，再由最後一根稻草把駱駝壓垮。在我的工作裡，我會對「承諾失信」和「累積小傷」兩種情況採取不同的諮商方法，我們先來看看第一種情況。

重新取信於對方

回想一下，你的伴侶什麼時候曾違背了對你的承諾，而且兩人都知道是他犯了錯，而你那時想要他怎麼做？可能會和大多數人一樣，不想聽他的理由或藉口；當他設法替自己辯解時，你可能只會更憤怒。

當一個人違反承諾時，應該進行以下四個步驟，我將這個流程簡稱為**RARE**。

第一個R是「責任」（Responsibility），假如你違反承諾，在其他事情發生之前，得先表達你會為此負責，**你必須先願意承擔責任，伴侶才會願意聽你說的話**。「承擔責任」表示你現在可以對剛剛發生的事情有所回應——只有在你先承認自己失信之後，你才能對此做出回應。

在承擔責任後，接下來要道歉（Apologize）。當一個人受傷時，會想聽到誠摯的道歉，這一步沒有辦法規避，如果你堅持繞道，最後只會撞上一面牆。**誠懇地道歉對修復信任感非常有用**，正因為很少人願意誠懇道歉，使得這樣做的效果更為強大。除了為自己的失信道歉之外，也為你帶來的傷害道歉。道歉不會花你一毛錢，卻足以完全改變情況，在伴侶的眼中，你的品格會顯著提升。

下一個R是請求資訊（Request information）。問一下伴侶：**「我能不能做點什麼，讓你不要那麼難過？」**或是**「你想不想要我現在替你做什麼事？」**面對食言的一方，每個人的反應不一。這時詢問伴侶有什麼需求，可以讓她知道你真的關心她，仔細聽她怎麼回答，然後盡可能滿足她的請求。

最後一項是取信（Entrust），亦即**「帶有信心，向對方承諾」**。當承諾失效、信任受創時，療癒過程的最後一個步驟是訂下一個新的承諾，而且你必須願意遵守這個承諾。如果你不立下新的承諾，伴侶很可能不會覺得你是真心感到抱歉；也就是說，當你立下新的承諾，等於是向你和伴侶宣告你真心想要改變。

每個人都會犯錯，但大多數人只會讓自己越錯越大，因為他們要不是選擇責怪別人，就是不肯承認自己有錯，請不要這樣，因為這樣做沒有用。請你當個「RARE」的清流：承擔責任、道歉、請求資訊，最後用新的承諾取信於對方。這個過程也許不容易，但並不會花太多時間，而且對修復信任非常有幫助。另外，這個過程也能讓你避免陷入自我損害的循環當中，對你自己誠實，也對你的伴侶誠實。

重新取得信任的實踐案例

一年以前，我和海蓮娜承諾，除非是急事，否則不要在星期六晚上接電話。我們每週固定有兩個晚上單獨相處，星期六是其中一個。大約一個月前，我妹妹在星期六晚上打給我，我以為是急事，因此接了電話，結果她只是閒聊家常，但我和她講了超過一個小時。等我掛斷電話時，海蓮娜看起來明顯不高興，因為我違反了我們的承諾。我的第一直覺是想要找藉口，或者辯解說這不是什麼嚴重的事，但這樣只會讓情況變得更糟，所以我改用RARE公式：

我：「我知道你不高興，而且你絕對有理由生氣，因為我沒有遵守承諾。

親愛的，我很抱歉，因為我沒有遵守承諾，讓你為此覺得受傷。我接電話是個錯誤，但當我意識到自己犯錯時已經太晚了。既然今天晚上已經被我毀了，我能不能替你做點什麼事，讓你知道我關心你，也讓你覺得好受一點？」

海蓮娜：「（仍然不高興）你為什麼要接電話？你明明知道我會怎麼想。」

我：「我原本以為有急事，但等到我發現不是的時候，已經不由自主地陷進對話裡了。我當下應該跟她說我那時不能講電話，但我沒做到。我現在能怎麼補償你？」

海蓮娜：「（仍然不高興）你講電話講了超過一個小時！」

我：「你說的沒錯，你絕對有理由對我生氣，我完全忽略了我們的協議。我重新向你保證，星期六晚上絕對不會接電話，除非有急事。你願不願意接受我的道歉和我再次許下的承諾？」

海蓮娜：「好吧。我們可以抱抱嗎？」（我們擁抱。）

在這個例子裡，我必須道歉和承擔責任好幾次，才能讓海蓮娜知道我真的有誠意，這種狀況相當常見，我放低姿態、一再承認我犯了錯，讓她願意再次信任我。在兩分鐘內，海蓮娜從內心受傷、覺得無法信任我，變得想再度和我親近。

這不是魔法的話，那什麼才算魔法呢？

累積小傷

假如一個人一再違反規範，一次又一次的傷害就會因此累積，終至破壞兩人之間的信任感。這種情況下，壓垮駱駝的最後一根稻草往往只是一件不起眼的小事。你可能連信任感已經蕩然無存了都不知道，因為你也許沒有犯下什麼明顯的錯誤。此時RARE公式就不太適用了，因為你不知道該為什麼事情承擔責任，或者該為什麼事情道歉。假如你覺得應該是某件小事導致信任感崩潰，你必須用另一種方式來彌補。

如果伴侶和你漸行漸遠，就算你不知道她為什麼難受，你也應該**設法認知她的痛楚**。這個時候不要替自己辯解、試圖解決問題或是放任她不管，而是讓伴侶的感受自然流動，同時也試著感同身受，這樣的舉止可以幫助你們彌補創傷。你可以問她現在有什麼感受，然後語帶同情，告訴她你也因為她的痛苦感到難受。

接下來，只要聽她說話就好，看看你能不能更理解當下的狀況。你越了解她這時的想法，就越有辦法修補她內心破碎的信任感。

接下來，你需要**釐清伴侶漸行漸遠的理由**。如果你沒有犯下什麼大錯，她卻明顯感到難過，一定是因為她對某件事的詮釋和你不一樣。

在這裡提供一個例子：幾年前，我和海蓮娜一起去度假，那時我們還沒有這樣一起出遊過。我為了省錢，在不知不覺中觸犯了她的許多規範，像是住宿和吃飯的地點等等。有一天剛開始下雨的時候，我們走進一間超市買菜。我跟她說：「羽絨衣不要弄濕，弄濕就沒用了。」我們開車離開超市的時候，我看到海蓮娜的臉色不太好。種種小傷一直累積，最後破壞了原本就已經脆弱的信任感。我不知道自己什麼做錯了，但狀況顯然出了點問題。我認知她感受到的痛苦，用溫柔的語氣試探，最後發現是那句「羽絨外套不要弄濕，弄濕就沒用了」導致現在這個局面。

我內心理智的一面想要大叫：「這樣講有什麼不對嗎？」但我知道不應該這樣說。海蓮娜顯然把我當時講的那句話當成另一種意思來解讀。於是我問她：「我當時跟你說羽絨外套的事，你覺得我想要表達什麼意思？」她以為我是在指責她安逸過頭，害怕我們兩人個性相差太多，因此不可能成為一對。我知道一旦了解她如何解讀我說的話，我就能嘗試修復我們之間的信任感。

我發現**「你覺得我想表達什麼意思？」**對釐清誤會和創傷非常有用。我們會直接假設別人對言語的反應和自己一樣，但事實並非如此。**只有在我們知道伴侶真正的想法之後，才能彌補因為種種誤會而累積下來的創傷**，我們得到的資訊越多、越準確，就越有辦法修復傷害。

在伴侶關係中，傷害多半會因為誤會而一直累積下去。我聽到海蓮娜那樣解讀我說的話時，不是馬上跟她說她那樣解讀完全不對，而是認知她基於解讀我那句話的方式，當然有理由覺得受創。接著我說：「我的意思是，我會擔心你的身體健康，假如你的外套弄濕了，那件外套就無法幫你保暖，你可能會因此覺得不舒服。」海蓮娜知道我講那句話有正向意圖後，就不再覺得受傷了。一旦釐清語意後，我就可以即早修復傷害，避免它擴大、導致信任感破碎。

讓伴侶知道自己有多關心他

釐清誤會之後，最後一步是**讓伴侶知道你有多麼關心他**。我們內心感到受傷的時候，那份「受傷感」是因為我們覺得自己好像被人排拒。海蓮娜那時會覺得受傷，是因為她以為我不能容忍她對舒適的要求，因此解藥當然就是向她表達愛意。一旦她相信我真的愛她，我們之間的信任感就回復了。像這樣的小誤會不需要花太多力氣，就能讓她相信我真心愛她、接受她。如果誤會和傷害已經累積很久都沒有修復，你可能就要花費一番心力才能說服另一半你愛他，這時，知道怎麼讓對方怦然心動大有幫助（當然，也需要耐心）。

我在諮商的時候，經常碰到信任感受重創的伴侶，像是一方發生外遇；也有不少人因為小傷不斷累積，所以必須有非常慎重的寬恕行為才能修補好兩人的關係。當一方內心嚴重受創，他通常必須把創傷和憤怒的感受完全宣洩出來，才有辦法原諒另一半。宣洩情緒最好在個別治療的時候進行，如果受傷的一方直接向對方表達他的情緒，兩人經常會因此吵架，但在個別諮商中將這些情緒宣洩出來，就不會造成更多傷害。

假如個案來找我的時候，內心積了很多怨氣，我有時會請他寫一封信給伴侶，在信中把所有的憤怒都寫出來，而且寫得越具體、越難聽越好，到最後，我會鼓勵他寫下「為什麼宣洩怒氣對他有幫助」的內容。等他寫完以後，我會要他把這封信燒掉，燒信是一個象徵：現在可以完全重新來過。信任感完全砍掉重練更容易。

信任感和愛類似，兩者皆無色無味又無形，力量卻無比強大，肉眼雖然看不到，內心裡一定感受得到。在伴侶關係中，讓信任溫度計一直保持溫暖十分重要，同時也要注意溫度什麼時候開始降低。一旦發現信任感出了問題，就盡快設法修補。

信任感受創有如剛剛出現的傷口，如果沒有及時妥善處理，就有可能感染和擴散。不過，正如骨折後的骨頭可以復原、變得更強壯，**信任感只要修復得當，也有可能更加茁壯**。

親密重點

一、信任是伴侶關係的基石。了解雙方對彼此的信任指數（一到十之間的分數）相當有幫助。盡可能維持你們之間的信任感，因爲信任感一旦被破壞，就很難修復。

二、違背重要承諾有可能導致信任感受創。此時可利用RARE法來修復信任感：爲你的過失表示負責、道歉，並請求對方提供資訊，讓你知道他的需求，最後用新的承諾取信對方。

三、累積小傷也有可能破壞信任感。此時要檢查伴侶在「信任溫度計」的溫度、認知他的感受、用「你覺得我想表達什麼意思？」來釐清誤會，並且用言語和行爲讓另一半知道他對你有多重要。

實作練習

未來總有一天，你的伴侶會因爲某些原因覺得內心受傷或疏離你。

如果你觀察到這種狀況，先問他：「在一到十的溫度裡，我現在在你的信任溫度計上是幾度？」如果溫度偏低，請利用本章提到的RARE公式，或是問伴侶：「你覺得我＿＿＿＿（引發當下狀態的事情）想表達什麼意思？」來釐清問題的癥結點。

討論完畢後，再問一下他對你的信任溫度，看看你們之間的信任感有沒有提升。

讓愛歷久彌堅

人人皆需靜靜承受一己言行之後果。

——費德羅／羅馬帝國寓言作家

若要讓伴侶關係中的的愛歷久彌堅，以下有三個建議。

首先，**定期替你的伴侶做點特別的事**。這個想法看起來像是常識，實際上卻很少人常做。現代人的生活已經夠忙碌，要再擠出時間來表達關愛恐怕不容易，我的原則是每週至少替我的愛人做一件特別的事情。

我跟大家一樣忙，所以每個星期天晚上我都會問自己：「這週我能替我的甜心做什麼事情呢？」接著，我會把這件事寫在當週的行事曆裡，如此一來，就能讓我知道不可以忙到把維繫關係的事情給忘掉。

每次我在講座裡提到我會替伴侶規畫這些愛的小事時，總會有人覺得這樣太刻意。沒錯，讓事情自然發生比較浪漫，有時候這種事情也確實會自然發生，但有些事實在太重要，不可以抱持賭運氣的心態。

我會安排什麼樣的事呢？**最能表達關愛的事情都是小事，但要經常做才有用**，像是留個小紙條、買花、幫她按摩肩膀等等。因為找到通往她心門之道，所以我知道這樣做會有顯著的效果。像這樣每週在我們共同的愛情帳戶裡「存款」，對關係助益良多。

第二個讓愛情長久的小事，是**用關愛、有效的方式來溝通**。我希望你未來持續練習和利用這本書提到的各種方法，並根據你自身的需求來調整。

你一直想要建造一座愛情的神殿，本書的方法正有如一組超強的電動工具，幫助你打造這座神殿。請小心呵護這些工具，學會何時、何處、如何使用它們，也請謹記這一點：這些工具的最終用途，是幫你和伴侶感受到更深刻的愛意、和睦和相互理解。

每週進行拆除阻礙大掃除

第三個讓愛情長久的祕方，我稱為**「每週大掃除」**。

沒有人想要談論棘手的難題，所以我們常常會把這些事情擱置到一邊，但這樣做只是讓這些事情一直累積下去，最後變成大麻煩，「大掃除」指的是每週空出一點時間，把累積起來的不滿或問題清理掉。

在大掃除的時候，雙方會一起拆除阻礙愛情的藩籬。我在這本書裡提供了許多清除障礙的技巧，請你和伴侶挑選最適合的來使用。這個方法的重點在於每週預留一個時間，讓你們談談當週累積下來的問題，討論完畢後，兩人再講出自己喜愛或欣賞對方哪一個特點。這樣每週固定大掃除可以大幅改善你們的關係。

當你越來越擅長本書提到的方法後，每週大掃除的時間到，可能就沒什麼東西需要清理了。一般來說，發生問題的時候馬上解決最好，但我們常常會忘記這樣做，所以每週固定有一個清除負面情緒的儀式會有所幫助。

以下有一系列的提問，可以幫助你和伴侶迅速除去阻礙親密感流動的屏障，如果你們沒有時間問全部的問題，這一個提問可以直接破題：**「你有沒有什麼話**

一直刻意不想跟我說？如果有的話，你想要說什麼？」假如對方這樣問你，而你發現確實有某件事情想說，你很可能還是會想避開。這時請你勇敢一點，投入心力誠實面對這段關係，不要讓你們的關係充斥各種不滿的情緒和潛藏的創傷或需求。

迅速除去阻礙親密感流動的問題

以下的問題可用來幫助你和伴侶分享在大掃除時沒提出來的重要資訊，請盡量詳細回答每個問題，答完後再對伴侶問同一個問題。提問的時候可以繼續問相關的問題，讓伴侶進一步澄清或補充他一開始的答案，如果你們自然而然開始交談也沒關係。我建議每週和伴侶互相問答一次，但你們也可以在別的時刻使用。

許多人跟我說，在共進晚餐或長途開車的時候，這些提問能幫他們密切交談。請依照你們的需求自行修改這些問題；如果可行的話，請預留充足的時間，找個不受干擾的地方，讓你們更能沉浸其中、共享更親密的情感。祝你們好運：

- 這週你遇到最好的事是什麼？
- 這週你什麼時候覺得跟我最親近？為什麼？
- 這週你什麼時候覺得跟我最疏遠？為什麼？
- 近期你最期待的事情是什麼？
- 有什麼事情讓你擔憂？
- 最近有什麼事讓你心存感激？為什麼？
- 你有沒有什麼話一直刻意不想跟我說？如果有的話，你想說什麼？
- 這週你欣賞我哪一點？
- 這週你欣賞你自己哪一點？

最後的忠告

在我諮商的工作中，有幸目睹人們學會有效溝通之後的大轉變。好消息是，用充滿關愛的方式和人溝通，是一種可以學習的技能。我不知道還有什麼技能可以這麼容易學習，同時又能對日常生活的品質帶來如此顯著的影響。

這本書提供許多方法，讓你可以好好練習，但我們可以用一個簡單的比喻，幫助你記住使用這些工具時的心態。

想像有一位天真無邪但脆弱的小嬰兒，好的家長會用愛細心呵護嬰兒，因為他們知道孩子非常脆弱。你和伴侶就像那位嬰兒，我們會以千百種方式隱藏自己的弱點和恐懼，但在外表的面具下，我們其實非常敏感，也很容易受傷。你的伴侶越是用謊言、逃避或指責來自我保護，他受的傷其實越深，恐懼也越巨大。請在心中看見他有多麼脆弱，把他當做一位天真無邪的孩童，用愛與溫柔來對待他。當你給他一個安全的空間，讓他能放心當個天真無邪的孩子，你們兩人之間的愛就會增長。

在你們的愛情之旅中，有時候可能會碰到困難，宛如撞上一面巨牆，如果發生這種情況，請不要排斥找專家協助，因為好的心理治療師可以幫你釐清當下的混亂與困惑。

幾年前，我和海蓮娜曾有一段顛簸的時期，那時我們跟一位心理治療師會晤了幾次。雖然我就是位心理治療師，也早就熟悉所有正確的技巧，但我知道我們那時卡住了，當關係遇到瓶頸時，還是得花錢找心理治療師。不過，我們確實做了正確的事，那位治療師很快就幫找們跨越障礙，從此之後，我們的溝通技巧讓彼此間的愛不斷流動。

幾年以前，我曾遇到一件讓人非常震驚的事，讓我更清楚知道愛、溝通和親密關係有多麼重要。那時我跟八個人一起坐上一輛廂型車要前往機場，在時速一百一十公里的情況下，車子不慎在冰上打滑，側翻了數次之後停了下來。在這個過程中，我的眼前閃過人生跑馬燈，我知道自己可能馬上就會死，但我感到平靜，我開始評估我的一生，看的是我這輩子愛得有多深，以及我表達愛的能力，幸運的是，在那場意外中，我並沒有受到多嚴重的傷。

多年以來，我跟其他有過瀕死經驗的人談過，大家都說自己遇到類似的狀況。**我們被賜予生命的主要原因，也許就是為了要學習愛。**親密關係更是一門絕佳的課程，讓我們學會用更純粹、更有效的方式來愛。

我們通往愛的每一步都是一項神聖之舉，當你踏上這段神聖的旅途，我會祝你一帆風順。

附錄一

練習溝通的功課

以下是本書每一章結尾的實作練習，在這裡再列出一次以便參照，如果你還沒完成，我建議你現在就嘗試。

若要熟練這些方法，沒有捷徑，唯有練習：

一、這週請試著表達你對另一半的認知和賞識。承認他的感受，告訴他你有多欣賞他哪些事情。注意他和你們兩人的關係有什麼變化。

二、假如你還沒這麼做，請試著找出讓你伴侶怦然心動的事。一個簡單的方法是直接問伴侶：「有哪些時候你最能感受到我的愛？」等她回答，然後再問：「當時是什麼讓你知道我真的愛你？」若要更詳細知道該怎麼讓伴侶感受到愛意，請重讀第二章，同時告訴伴侶，她做什麼事會讓你完完全全覺得被愛。

三、接下來幾天裡，請專注使用非語言的方式來增進你和伴侶之間的親密感，試著微笑、模仿伴侶的姿勢、經常撫觸伴侶，或使用「來電的性愛」。

現在就選以上其中一個方法，今天晚上和伴侶一起試試。

四、下次發覺你對伴侶有些不滿的時候，用「WILL WISE」的三個問題來問問自己：「假如我堅持自己正確，可能會發生什麼事？我寧可感受到愛意，還是要言之有理？我特別喜歡伴侶的哪一點？」當你在內心回答這些問題時，留意一下這樣做能否幫你不責怪伴侶、你的感受是否會改變、溝通的方式是否會更有愛？

如果你只想問自己一個問題，請試著問：「現在這樣的情況，是否有可能是我促成的？」並請列出至少三個答案。

五、下次你和伴侶互相有怨氣時，馬上請他和你一起用「後抱法」，看看

四、五分鐘之後你們的感受有什麼不同。你們也可以用「還有呢？」法。

現在就和伴侶約定好，只要下次有人提出來，就使用其中一個方法。你們還可以訂定罰則，假如有人提出要求，但另一方沒有馬上配合，就要受到處罰。把這個約定寫下來會更好。

六、想一下，你們的關係裡是否有哪裡不太對勁，但你一直沒有跟你的伴侶提起過。試著把這件事情放進這兩個公式：「當你＿＿＿＿（簡單描述情境）時，我會覺得＿＿＿＿（悲傷、受傷、害怕、不耐煩），因為我＿＿＿＿（說明你有什麼樣的心理需求，導致你有這種感受）。我想要的是＿＿＿＿（詳細描述你的需求）。」跟伴侶提起你的感覺和需求時，試著避免觸動他的指責偵測器。

七、在你們的關係當中，有哪裡會不斷出現問題？假如一下子想不到，請看看第七章的「十二地雷」，挑一個以前曾經困擾過你們的項目。用以下的問題來問你自己和你的伴侶：「需要哪些條件，或者需要發生什麼事，才會讓我（你）

在（某一方面）覺得滿意？」找出你和你伴侶在這方面分別有什麼期望，回答越具體越好。

八、用第八章提到的方法，試著創造一個比喻，來幫助伴侶了解你人生中的某件事，或兩人關係中的某個層面。想到比喻的方式後，試著說出來，看看這樣能不能幫她更了解你。

九、你是否有什麼小事希望伴侶改變？也許你覺得他在餐桌上擤鼻涕很不好，或者她會在你講電話的時候打斷你。不論是什麼事，請試試看用「APISWAP」法請求伴侶做出你希望的改變。

十、挑一個你和伴侶之間的問題，用第十章的「APISWAPED」法協商解決方法。這個問題不需要多嚴重，甚至可以微不足道，重點是讓你和伴侶可以馬上開始練習這個方法，感受一下整個流程。

十一、未來總有一天，你的伴侶會因為某些原因覺得內心受傷或疏離你。如果你觀察到這種狀況，先問他：「我現在在你的信任溫度計上是幾度？」如果你的溫度偏低，請利用RARE公式：為你的過失表示負責、道歉、請求對方提供資訊讓你知道他的需求，最後用新的承諾取信對方。

如果你不知道伴侶為什麼內心覺得受傷，請用這個問題來釐清：「你覺得我（引發當下狀態的事情）想表達什麼意思？」討論完畢後，再問一下他對你的信任溫度，看看你們之間的信任感有沒有提升。

十二、替你的伴侶做點特別的事情——不為什麼，只是讓他有個充滿愛的驚喜。你可以寫個紙條給他，幫他買一份他可能會喜歡的禮物，或是給他你覺得會讓他感受到愛與賞識的事物。觀察這樣的舉動對你們的關係有什麼影響。

附錄二

奇蹟溝通提示桌布

在本書當中，我用各種簡稱與縮寫幫助你記下我提出的方法。許多個案覺得隨身攜帶這些簡稱能幫助他們記得怎麼使用那些方法。

每次只要談論變得稍微激昂一些，他們一看到提示桌布，就會想到要怎麼用更有效的方式和伴侶溝通。

請掃描以下 QR CODE，下載你想要的桌布，以提醒自己如何好好使用本書提到的方法。

Eurasian Publishing Group
圓神出版事業機構
用心與你對話・視野無限寬廣
究竟出版社
Athena Press

www.booklife.com.tw reader@mail.eurasian.com.tw

心理 091

伴侶溝通的奇蹟：鞏固親密關係的對話練習

Communication Miracles for Couples: Easy and Effective Tools to Create More Love and Less Conflict

作　　者／喬納森・羅賓森 Jonathan Robinson
譯　　者／熊楷
發 行 人／簡志忠
出 版 者／究竟出版社股份有限公司
地　　址／臺北市南京東路四段50號6樓之1
電　　話／（02）2579-6600・2579-8800・2570-3939
傳　　真／（02）2579-0338・2577-3220・2570-3636
副 社 長／陳秋月
副總編輯／賴良珠
責任編輯／歐玟秀
校　　對／歐玟秀・林雅萩
美術編輯／蔡惠如
行銷企畫／陳禹伶・朱智琳
印務統籌／劉鳳剛・高榮祥
監　　印／高榮祥
排　　版／莊寶鈴
經 銷 商／叩應股份有限公司
郵撥帳號／ 18707239
法律顧問／圓神出版事業機構法律顧問　蕭雄淋律師
印　　刷／祥峰印刷廠
2025年9月　初版

定價 350 元　ISBN 978-986-137-490-1

親密關係是人生少有的特殊緣分和情感，
具有一開始的激情，到後來的相互承諾和共創親密感的過程，
這樣的情感關係不是在隨便、滿不在乎、不用心就可達成的，
反而需要攜手共進、滾動式溝通和調整，
還需要雙方同時具備意願和情感投入的能力。

——《獨立鍛造》

國家圖書館出版品預行編目資料

伴侶溝通的奇蹟：鞏固親密關係的對話練習 / 喬納森・羅賓森（Jonathan Robinson）著；熊楷譯. -- 初版. -- 臺北市：究竟出版社股份有限公司, 2025.09
224 面；14.8×20.8公分 --（心理；91）
譯自：Communication miracles for couples : easy and effective tools to create more love and less conflict
ISBN 978-986-137-490-1（平裝）
11.CST：性別關係 2.CST：兩性溝通 3.CST：戀愛心理學 4.CST：婚姻

544.7 114009554